企鹅人生

PENGUIN
LIVES

弗兰克·劳埃德·赖特

［美］阿达·路易丝·赫克斯塔布尔 著

陈元飞 译

Frank Lloyd Wright

生活·讀書·新知 三联书店

目 录

前言与致谢　　1
引　言　　1

第一章　　1
第二章　　25
第三章　　45
第四章　　69
第五章　　105
第六章　　137
第七章　　171
第八章　　189
第九章　　217

第十章	245
第十一章	269
第十二章	299

前言与致谢

　　文稿命运多舛，长路漫漫，几经曲折，方见成书。我曾有幸在纽约公共图书馆的多萝西及刘易斯·B.库曼学者与作家中心访学，跟随中心主任做了一年研究员。在此期间，中心创办者兼主任彼得·盖伊对我悉心鼓励，于是，我开始了对弗兰克·劳埃德·赖特的研究。对于这段经历和机遇，我至今仍极为感激。其实，赖特本不是我的研究对象。当时，我正在研究一种具有革命性的全新建筑类型，此类建筑设计和生产的工具都是通过计算机完成的，因此我逐渐学到了很多应该掌握的知识，伴随着这一过程，我竟然鬼使神差般地回到了赖特研究上——这也是我多年前开始而未竟的事业。

　　尽管当今年轻的建筑师们通晓技术，而且使用了最先进的计算机，可我仍然发现他们的设计和赖特的作品相似得惊人。两者都具有不同凡响的视野，并对几何构建能力有着近乎着魔般的迷恋,以此为基础,他们都提出了新的解决方案。两者都在各自年代可能的情况下,将创造性的奇思妙想发挥到了淋漓尽致的地步。他们都有大胆开拓的思维模式,意图重新定义建筑的功能和标准。但是,赖特是用古老的方式做的,他利用直尺、丁字尺、圆规、三角尺等工具,一切图形都是手绘;他的工作用到立体几何中的圆形、方形、三角形、六边形以及晶体学图案。而当今的建筑师利用先进的计算机程序,已经转向利用分形学、微积分学和无穷计算变差来构造几乎无规则的形状和模型。赖特最重要的工具是他无穷的想象力和对美的鉴赏力。在 21 世纪建筑学发展的新背景之下,他的作品呈现出新的意义,其重要性也值得重新评估。

第二年,我在图书馆的弗雷德里克·路易斯·艾伦的工作室继续做研究,感谢雅量高致的韦恩·费曼,他成就了这一"作家天堂";感谢图书馆里艺术与建筑方面的馆藏优势,以及热心的工作人员,你们对我帮助极大。在南卡罗来纳的梅德韦大农场停留时,我整理了素材。那儿真是激发灵感和放松心灵的好去处。在此,我要特别感谢布哈拉·勒让德,感谢他慷慨的指引。真正永恒陪伴我的,是那一箱箱的书,我走到哪儿,它们就跟到哪儿。

在那些书籍中,我依赖最深的反倒是关于赖特的出版物中最细微的部分。容易获取的参考文献太多——其中也有专门写赖特参考书目的书——所以我只列出了我近期最感兴趣和对我的研究最有价值的一些书目。其中不可或缺的就是梅莉·西克里斯特的传记作品《弗兰克·劳埃德·赖特传》,这本书研究了赖特的一生,并且添加了一些新信息,令人十分钦佩。布兰登·吉尔的《多重面具:弗兰克·劳埃德·赖特的一生》也为我的研究提供了非常有用的资料。罗伯特·C.通布利的《弗兰克·劳埃德·赖特:解释性传记》是对赖特的生活和艺术解读得最好的文献之一,还有诺里斯·凯利·史密斯的《弗兰克·劳埃德·赖特:建筑内容研究》,也是一部十分具有价值的文献。

对我来说,必不可少的学术参考就是尼尔·莱文的里程碑式著作《弗兰克·劳埃德·赖特的建筑》,该书意义非凡、成就重大,也因其对赖特一生的详细记录和分析,一直以来都是文学素材上的重要补充和基本参考。但是,由于其中关于赖特建筑日期的数据有着较大的偏差,我还是选取了莱文近期最全面调查中的数据。格兰特·C.曼森的《1910年前的弗兰克·劳埃德·赖特:第一个黄金时代》仍然是对赖特早期作品描述得最好的一部著作。随后出现的许多关于赖特建筑事业的专著都非常好,其中一部分作者如下:约瑟夫·康诺斯、唐纳德·霍夫曼、杰克·奎南、约瑟夫·N.西丽、凯瑟琳·史密斯,而托马斯·S.海恩斯和纳西索·梅诺卡尔的作品更是为关于赖特的研究扩展了深度,增加了更多细节。其中,我特别要感谢的是安东尼·阿洛夫辛的《迷失的时光——1910—1922年的弗兰克·劳埃德·赖特:影响研究》,这本书非常珍贵,因为他重塑了那个时段的赖特:而此时段向来被认为是赖特一生的一个黑洞。后来证明,这段时间对他的建筑艺术具有深远而重要的意义。

我选择了不少赖特自传中的章节,因为其素材丰富、辞章华美、饶有趣味。不论这些著作里有多少事实偏差,它们都很好地诠释了建筑,诠释了赖特这个人。有两本回忆录提供了一些其他的见解:赖特的次子,约翰·劳埃德·赖特的《我父亲究竟是一个怎样的人》和埃德加·塔菲尔对赖特亲密而充满爱恋的献礼《和弗兰克·劳埃德·赖特的那些年:天才的学徒》。我还要向赖特档案馆的主任兼赖特基金会的副主席布鲁斯·布鲁克斯·法伊弗致以最真挚的谢意,因为他热心相助、谦恭有礼,允我一再造访，特别是他编纂精美的"信件"系列——赖特与客户和其他建筑师的通信，赖特与刘易斯·芒福德①之间大量的往来资料，还有赖特在设计古根海姆博物馆时那些非常生动的记录文献等，读来引人入胜。

如果为每个参考附上脚注的话，那工作量将极其巨大——而且脚注本身都可以凑成一本小书了。由于读者本来就可能包括一些既不从事建筑专业，也不在该行业内的人，所以，我没有直接附上那些作者的名字，引用他们的原话或思想时，我会在不中断叙述的情况下，直接写出信息来源。最长的一次引用来自赖特的自传。

最后，我要特别感谢那些读过我的手稿并给出有价值的建议的朋友们：纽约新学院大学《世界政策》杂志的编辑卡尔·E.迈耶，他的观点我非常重视；洛杉矶加利福尼亚大学的托马斯·S.海恩斯教授，他关于赖特和加利福尼亚建筑的丰富知识是无价的；纽约大学的卡尔·克里斯基教授，她学识渊博，在编辑方面更是能手，尤为难得的是，她给我提出了一些非常棒的问题，并无私奉上

---

① 刘易斯·芒福德（Lewis Mumford，1895—1990），美国社会哲学家，主要作品有《枝条与石头》《科技与文明》《生存的价值》等。——译者注。本书所有脚注均为译者注。

建议，让我倍感荣幸。我要谢谢以上三位，他们的善良和热情超过了一般的专业咨询人员。最后，我要感谢乔尔·霍尼格，他是我最好的编辑、研究助理，也是我最忠诚的朋友。但遗憾的是，在手稿完成之前他已经辞世。他给我的帮助和鼓励，我只能沉痛地怀念了；下午茶时间，再也没有人会跟我一起热烈地讨论关于艺术和生活方面的事了。

> 阿达·路易丝·赫克斯塔布尔
> 于纽约市

引 言

关于弗兰克·劳埃德·赖特的一生,其实有两个版本:他所"创造"的一生和他真正走过的一生。前者是他自己美化的版本,标准的赖特神话——一位天才,特立独行,身陷重围,频遭猜忌,孤身一人,锐意革新,绝不流俗,高举"真理抗衡世界"的旗帜——如此鲜明的人物,如此精彩的情节,简直称得上一部黄金档播出的纪实人物电视剧。赖特篡改事实,捏造历史,让自己走上神坛,并且真的相信那就是自己,仿佛自己就一直在神坛上。他有如此绝对的自信,令人叹为观止。他呈现给我们的人生,本身就是一部创新剧。

赖特逝世三十年后,其档案被公开,更多的文件和详细情况才为学者所知晓。一系列出版物都致力于讲述他漫长的一生,其中满是别人对他的斥责和控诉,以及一些为人们所不齿的苟且行径。一切可疑或可耻之事都被匆忙记录在历史修正的书和心理传记上；伟大的艺术家，包括那些不怎么有天赋的艺术家，也会做坏事，不少书籍文献都大量披露类似事情，这并不鲜见。

历尽艰辛，关于赖特的记录现在都已更正，且雄辩有力。然而，最有意义的发现并不是这些，而是那些让我们更了解赖特的创作过程的发现。在真正分清事实和谬误之外，研究赖特的学者们一直在探寻其他东西：这个让人瞠目结舌、叹为观止的旷世奇才，尽管有争议，但毕竟是美国最伟大的建筑师，其作品美轮美奂，影响绵亘不绝，历经三个世纪而不衰，且呈放射性发散，波及艺术、理念和科技等领域的巨变——事实不容置疑，却又难以琢磨——原因究竟为何？赖特出生时，美国内战刚刚结束，那是一个田园牧歌式的遥远时代；赖特逝世于九十二岁生日前不久，当时，人类已经进入了宇宙空间时代。他扎根于建筑领域六十余年，执业时间之长无人能出其右，其间各领域革命之纵深程度，亦为史上所仅见，此两者若想完全掌握，颇有难度。他年轻时去芝加哥找工作之前，都没有见过电灯；在绘画潮流已经变成笔锋遒劲的美国记号笔和技术娴熟却缺乏人情味的计算机生成图像之时，他仍然用手削铅笔绘图，进行精美的色彩渲染。

赖特一生的点点滴滴并不足以解释他建筑大师的人生悖论——他一方面紧紧抓住与他一起成长起来的19世纪景观视角，顽固地坚持着爱默生和罗斯金的浪漫道德准则，另一方面又在工作中打破所有的传统。他终身信奉的那套人生哲学，在20世纪初就已经过时；而他设计的建筑，直到现在都鲜活流动，充满生气，此两者是如何调和的呢？赖特的天赋——虽然他自己经常大声向世界宣告，但随着时间的流逝，我们再次回顾历史时，会发现这似乎并不是一种虚张声势的夸大行为——他的天赋仍然是永恒的，在时间面前也不褪色，并且有着预见性。他之后的每一代建筑师都能从他的作品中发现相关的新领域，并从他身上学到很多。

随着事实浮出水面，显而易见的是，现实终于击败了神话，那些他编织的传奇故事，最终还是寿终正寝了。没有人胆敢编造赖特的人生，其本身已经过于戏剧化了。他从丑闻、谋杀、火灾、婚变、破产以及社会排斥和联邦调查局的追捕中活了下来。被联邦调查局盯上也是因为他面临多项指控：曾因两次跨境运送妇女的不道德行为，违反了《曼恩法案》而被追查，后来这两名女子先后成为他的太太；也曾因煽动其学徒在"二战"期间逃服兵役，违反了《1918年反叛乱法》而受指控——凡此种种，不一而足。他穷奢极欲，挥霍无度，又一直身处边缘，高度紧张；很多时候，他的那些人生低谷都是他自作自受。然而，每次受到打击或经历灾难后，他都能重建自己的生活和事业，他所拥有的坚毅和韧性也着实让人感到惊奇。在个人名誉这一点上，他处理得就没那么好了，但他就像一个流浪汉和局外人一样，似乎很享受甚至有点儿炫耀自己的角色；我们也会逐渐明白，他这种超级自负的自我是多么必要。在大多数人退休时，他也身处暮年，却又投入了他宏伟创意的复兴阶段。

以他同代人的眼光来看，他的生活完全有悖常规、令人震惊、应予严厉斥责。他跟别人有不正当的暧昧关系，加之永远欠债不还，致使大家普遍认为，他在道德和财务上都是不负责任的。只要场合适宜，或是艺术需要，他会做出任何承诺，也会随时做出必要的调整。羞愧根本不是他曾拥有过的情绪。当建筑工程因费用超支、失去控制而停工时，他会利用自己无穷的魅力骗得无尽的预付款，写一些诙谐机智、招摇撞骗的信件，从客户的口袋里得到资金支持。对一种与周围格格不入、毫无偿还能力的生活方式来说，欺骗，至少也是一种最基本的素养，而且也是必需的——如果他还想继续设计建筑的话。现代人很难意识到，在一百多年前的20世纪初，他设计的那些建筑在人们眼中是多么怪诞，与其他建筑相比是多么不同，与当时流行的品位有多大出入，对传统的周边建筑环境又是多大的挑战。即便是对生活在郊区的人，他的建筑也是一种巨大的挑战。大家觉得他设计的房子太奇怪了，因而称之为"后宫"①。他客户稀少，偶有一二也心存抵触。他们要么就得像赖特一样大胆幻想，打破一切常规；要么就是被赖特巧舌如簧的煽动冲昏了头脑而贸然掏钱赞助。他就是这种蛊惑艺术的大师。

断然否定任何信息来源，不受任何其他影响，只笃信自己的奇思妙想，这是赖特最刻苦练习的骗局之一。学者们已经达成了共识，他贪婪地消费一切艺术和建筑文化，不论是史前的，还是现代的先锋派。我们也知道，他早期就积极与他的欧洲同行交流信息，尽管他一生都坚称，自己才是现代主义的唯一创始人。他一直与国际建筑风格对立，不仅因为他不赞同其理论及教条原则，也因为他就喜欢特立独行。他认为自己就是更崇高的建

---

① 后宫（Harems），尤指穆斯林的妻妾、女眷或她们生活的居所。

筑真理的唯一拥有者和捍卫者,这也是他一直以来都在全身心扮演的角色,直到最后。

单纯的事实在揭示真相的过程中作用有限,还需要那些修正乃至篡改过的人生版本,这样我们才能够有全景视角,在那个仔细摆好的姿态之后,在那些精明修整的事件之下,深切理解这个极具天赋又极易犯错之人——弗兰克·劳埃德·赖特。我们最容易忘记的就是,赖特用诡计和花招支撑起来的建筑艺术——无论是出于个人性格还是情况需要——其完整性都不容置疑,并且经久不衰。解构赖特传奇,打破赖特神话,丝毫不会影响这一终极的事实。到末了,艺术就是真理,言简意赅,一语中的,有关这位建筑大师的真谛就在他的作品之中。建筑传递着艺术家最深刻的信念和最真实的表达,这一点来不得半点含糊和虚假。这些建筑告诉我们生命的意义,告诉我们活着是为了什么。本书仅代表个人观点,就是要通过赖特的故事,尝试将他这个人和他的作品结合在一起,探索艺术和生活的潮流——他如此出色地把两者合二为一,永远地改变了建筑,并且永远地改变了我们看待建筑的眼光。

第一章

赖特甫一出生，就伴随着谎言：他的出生日期被篡改了，从1867年改为1869年，这种出于虚荣心、没有恶意的谎言在女性中很受欢迎，在男性中也不少见。跟大多数情况一样，赖特的年龄也是后来改的。但之后由此引起了很多时间上的混乱，让两岁的年龄差距显得不是很有必要。但对于弗兰克·劳埃德·赖特来说，更改年龄起到了理想的效果——年纪轻轻就天赋异禀，19世纪90年代，他年纪轻轻，就在芝加哥声名鹊起，取得了令人咋舌的成就；而在20世纪50年代，也就是他晚年创作的高峰期，也避免了被人贴上九十岁高龄的可怕标签。1959年4月，在他离世之前，赖特距自己的九十二岁生日只差两个月，但是年龄的更改掩盖了这一事实。即便世上没有能洞察一切的智者，但只要有学者试着深究，篡改出生日期这件事还是很容易被发现的。这对其他人并没有什么不好的影响，但是他的妹妹简却一直对此心存芥蒂——因为赖特霸占了她的出生年份。

赖特的名字也一直有些含糊，家族记录显示，1867年6月8日，他出生在威斯康星州的里奇兰森特，当时的名字是弗兰克·林肯·赖特，不过"劳埃德"很快将"林肯"取代了。在美国，"林肯"一直是个很受欢迎的名字。

赖特母亲一家，即劳埃德·琼斯家族，19世纪40年代从威尔士移民到美国威斯康星，就是为了寻求土地和宗教自由，而且像大多数威尔士人一样，他们亲近工会，反对奴隶制。所以他们给赖特取名为林肯，很可能是为了纪念美国南北战争时期的林肯总统。威廉·拉塞尔·卡里·赖特带着前妻留下的三个孩子和安娜·劳埃德·赖特重新开始了一段婚姻，后来的事实证明，这是一段糟糕透顶的婚姻，仅持续到1885年，这期间他们共生育了三个孩子，赖特就是其中之一。赖特的两个妹妹——简（后来改名为珍妮）和玛格奈尔（玛格丽特·艾伦，先更名为玛吉·内尔，后又改回玛格奈尔）——出生后，威廉就一直抱怨安娜把精力全部放在赖特身上，而忽视了婚姻生活和对其他孩子的付出，但安娜对此断然否认，尽管她一直坚信赖特注定会取得一番成就。从出生前的胎教到之后毕生的支持和牺牲，安娜全身心投入，就是为了见证赖特最终取得的成功。

1844年，安娜的父母理查德·劳埃德·琼斯和玛丽·托马斯·劳埃德·琼斯离开威尔士，为了寻求廉价而广袤的耕地来到美国中西部。他们共养育了十个孩子，安娜是其中之一。1866年才结婚对于安娜来说是很晚的，为此她可能心情十分迫切，与威廉相遇时她已经快三十岁，过了三十岁她就要沦为19世纪美国常见的老处女，靠教书度过余生。对于要谋生的女性来说，教书是为数不多的体面工作，安娜需要骑着马到威斯康星很多社区的乡村学校，乌黑浓密的头发和天气恶劣时穿的铜扣军大衣让大家记住了她，她给人的印象就是个子高高的，走路大步流星，像个男人一样。

安娜想要结婚，而威廉也需要有人来照顾他失去母亲的孩子。威廉帅气和蔼、身材小巧、相貌清秀，是个很有天赋的音乐家、讲演者，有时也会传道，1857年他被授予律师执业资格。无论到哪里，他都会被热情接待，也经常到处活动。之后他似乎离开了律师行业，而常去浸礼会教堂布道，也因此很快成为社区里有影响力的活跃人物。当地的报纸无不对他的才华和社交能力大加赞赏，在他逝世时也表示真心的遗憾。劳埃德·琼斯一家很尊重教育，威廉精通音乐、文学和法律，着实很吸引安娜。威廉的妻子出身于农民和牧师家庭，家人大都身材高大，体格结实，毛发浓密，勤勤恳恳，是虔诚的教徒，威廉比他妻子还矮，但他的博学和魅力完全弥补了身材上的劣势。

1859 年,威廉结束了在美国新英格兰地区四处游走布道的生活,在威斯康星和第一任妻子佩米莉亚定居下来,但佩米莉亚在生下第三个孩子不久就离世了。安娜就在那个区域教书,一直和家人生活在一起,威廉妻子的死无疑为她打开了一扇浪漫之门,或者至少可以说是机会之门。他们两人喜结连理之后,又生了三个孩子,所以他们当时一共有六个孩子。一大家人为了实现威廉的抱负辗转新英格兰数地——1869 年,艾奥瓦州麦格雷戈市;1871 年,罗得岛州波塔基特市;1874 年,马萨诸塞州韦茅斯市。几经周折,均未如愿,都以失败而告终。1877 年,他们又返回威斯康星州的麦迪逊市。19 世纪 70 年代恰逢美国经济大萧条,人们常常付不起给牧师的钱,这对于他们婚姻状况的提高并无改善。威廉所拥有的才华显然不能帮助这个家庭维持生计——他既不会生财,也不会理财。赖特记得家里总是没有现金,缺衣少穿,威廉常去的教堂很多都已经关门大吉,教区教民会发起"募捐晚会",但每次的收入都少得可怜。赖特记得有一次只筹集到了二十九个南瓜派。每次募捐他都央求父亲不要去,因为这种募捐往往一场不如一场。

重返威斯康星可能要归因于安娜家人的鼓励和帮助。

他们如今在威斯康星河畔的斯普林格林和希尔赛德经营着几个小农场,生活殷实。于是,安娜又和关系紧密的兄弟姐妹重聚了,后来的事我们也知道,这些舅舅和姨妈构筑了青年赖特的世界,对他影响深远。赖特的外祖父一家当初长途跋涉从威尔士搬到美国中西部,一路备受贫困、饥饿的折磨,也曾因沿途打工的需要而耽误行程。其中一个幼子中途生病夭折,不得不葬在路边一个不知名的地方,随便挖个坟墓。波折的生活让赖特的舅舅们谨慎而又务实。这些勤劳而又坚毅的威尔士人必然会觉得威廉的不幸是他咎由自取,因此很难接受他的种种不得志。当安娜一家从韦茅斯回到威斯康星时,詹姆斯舅舅专门从他的农场驾着马车赶了四十英里路到达赖特一家在麦迪逊的住处,马车后还绑着一头牛,"这样安娜的孩子就可以喝到最新鲜的牛奶了"。在开始追随劳埃德·琼斯一家信奉的"一位论"①之后,威廉在一位论教堂接受了一个职位,但事实证明这个工作也未能让他取得什么成功。若按如今的判断标准来看,威廉是一个失

---

① 一位论(Unitarianism),也称一位神论、一神论等,是基督教的一个派别,强调上帝只有一位,而非传统基督教派相信的上帝是三位一体(圣父、圣子、圣灵)。

败者，安娜若能摆脱掉他反而更好，当时赖特的舅舅们无疑也持这种观点。

这样充满压力的婚姻又持续了七年，婚姻状况也随着威廉一步步走向绝望而日益恶化。赖特在自传中写道："一次又一次的失败，让他绝望透顶，一次次逃避到自己学习、读书、音乐的小世界中，因为只有在那里他才可以暂时不用理会一切。"威廉一直在逃避，无疑也是想远离与他日益疏远的妻子，安娜看着自己的梦想日益破碎，已经完全失去了耐心，无意继续受苦。他们婚姻破裂那年，赖特已经十八岁了，根据传统的看法和赖特自己的记载，照他的话说，是威廉抛弃了安娜。但在赖特的百年诞辰——也就是1967年，历史学家托马斯·S.海恩斯在麦迪逊发现了一份离婚法庭记录，并将其发表在《威斯康星历史杂志》上，这份记录却给出了该故事的另一个版本：当劳埃德·琼斯一家意识到这段婚姻已实在无法挽回之后，他们提出，如果威廉主动离开，他们就会承担起供养安娜和她孩子的责任。威廉无力争辩，同意将房产和家具都留给安娜，净身出户，不过他自己也可能偷偷地长舒了一口气。

这些事件都证明了赖特真实的出生日期，后来的户口普查记录、高中文件以及悲惨丑恶的家庭纠纷记录也证实了这个日期的可信度。法庭文件显示,是威廉先向安娜提出离婚程序,并给出了很多他遭配偶虐待的具体细节。威廉认为自己才是被抛弃的那一个。安娜拒绝与他同床,"长达两年,她拒绝并排斥和我进行正常的夫妻生活",但是"又想从我这里取得我根本无力提供的金钱"。每次一谈到令人绝望的财务状况,她就会"暴跳如雷",如果四面楚歌的威廉拒绝安娜提出的过度奢侈的要求(很奇怪,在当时的环境下,安娜能有多奢侈),"就会引起她对所有经济问题的不满"。安娜也会拒绝其他本该由妻子履行的义务,"大部分修修补补的事情都是我来做的,因为就算我请求她做什么事情,她也会视若无睹……或者即使她做完了,也是直接扔在我脸上或是扔在地上,她告诉我,我走过的地板都让她厌恶"。安娜也承认"对丈夫没有爱",因此法庭就做出判决:"所有控诉属实。"如此自降身份地编造这些苦楚的事实,可能仅仅是威廉为了获取自由而使出的手段。

显然,安娜让丈夫陷入了悲惨的境地,以致行事可憎。但就算换作一个更温柔、更善解人意的女人,面对这般不稳定的家庭状况、长期匮乏的物资、余生都无法摆脱的贫穷和焦虑,也会被逼得身心俱疲。安娜是个受过良好教育、有雄心壮志的女人，家长里短之外，她对文学、文化也有很高的追求，却被六个孩子和做不完的乏味家务所拖累。她一直渴望获得一些安全感和舒适感作为补偿，却也从未得到。魅力、音乐、口才等一切华而不实的东西，在强大的生活面前不能成为全部。显然，她恨透了这样的生活，由于无法忍受这种充满压力的生活，她经常会情绪失控，在做完一天繁重的家务之后，威廉要求她做的那些缝缝补补的工作简直是压垮骆驼的最后一根稻草，会让她完全歇斯底里。她的行为总是透露出冷酷甚至残忍的感觉，内心深处，她对这段婚姻也确实失望透顶，而且一点儿也不想再多要一个孩子。一次次的举措都未能改善他们的家庭状况，再次怀有希望都成了一件费力的事。除了安娜的暴力以及对待丈夫和孩子的态度之外，真正不可理喻的是安娜想让自己的三个孩子优于威廉前妻的三个孩子，并且一心扑在自己的儿子身上。从她的儿子尚在腹中开始，她就下定决心让儿子以后一定要成为建筑师。她在婴儿室挂的画是精心挑选过的，放的音乐也是如此，甚至脑袋里思考的问题都要对腹中的孩子有积极影响。安娜认为，这个孩子会让她从绝望和苦难的生活中解脱出来，弥补自己未能实现的雄心壮志,她相信母子俩会共创美好的未来。

赖特描述过这段破裂的婚姻,不过这是在母亲去世之后。尽管赖特很清楚实际情况如何,但他还是接受了母亲的说辞——自己属于被遗弃的那一方。不过那个年代,离婚女人的境遇并不好,客气点是受到排挤,最糟糕的情况是遭到羞辱,鉴于此,安娜的陈述成了唯一可接受的故事版本。如果赖特确实知道事实真相,为什么他不讲出来,而要等到他母亲去世将近十年之后才说呢?是因为不幸的童年记忆不堪回首吗?无论他的动机是什么,看起来他都不太乐意回顾年少时期的痛苦往事。当时的环境下,社会规范是必须要遵守的,名声很重要。另外,隐忍的忏悔、可能会中伤他人的揭露——这种流行的风尚当时还不时兴。他在《一部自传》(*An Autobiography*)中提到父母离婚一事时写道:"他从来没搞明白过这件事。"许多人以为他这么讲是在故意逃避现实,但事实并非如此。出生在离异家庭的孩子对忠诚于哪一方会很矛盾,也会有很强烈的悲痛感和自责感,他们一直"搞不明白这件事"。他支持母亲的说法,这是毫无疑问的,或许也是时机使然。安娜的说法是最容易为大众所接受的,赖特也说和父亲很疏远,这一点更加强了上述陈述的可信度。

不过事实往往要复杂得多。在那样充满母亲的怨念和愤恨的家庭环境中，偏袒某一方是既困难又不明智的。由于受到母亲的保护和偏爱，赖特无法和父亲建立持久且紧密的关系，而父亲为了躲避母亲的辱骂，一直想从这个家庭中抽出身来。劳埃德·琼斯一家也一心想要把安娜从这段失败的婚姻中解救出来，因此赖特若选择只身与他们作对是很难想象的，毫无疑问他会站在母亲这边。威廉离开了，只带走了他的衣服和小提琴，这对父子之后再也没有联系过。

离婚之后，威廉似乎也几经辗转，先后在内布拉斯加州、密苏里州和艾奥瓦州落过脚，最终定居在他和前妻生的一个儿子家中，位于匹兹堡附近，并于1904年在这里走到了人生尽头。在暮年时期，他的足迹遍布二十个城镇、七个州。在前妻三个孩子的印象中，他曾是一个平易近人、精神矍铄的父亲，如今却变得消沉又萎靡，生活状态每况愈下。一些人将安娜视为这段失败婚姻中不幸的受害者，认为威廉是一个以自我为中心的梦想家，一心追求个人理想。但事实可能是，他富有魅力，却不切实际，所有的美德和能力都集中在自己所钟爱的音乐和文学上，靠这种无利可图的专长艰难地谋求飘忽不定的生活——后来他的儿子在生存技能的培养上也并无提高。威廉最终和前妻合葬于威斯康星，赖特并未出席他的葬礼，但是据说后来赖特会独自一人去扫墓。从赖特对父亲的回忆中，我们可以看出他对父亲所怀有的复杂情感，两人相距甚远，唯一的联系就是两人都醉心于音乐。

但赖特活脱脱是威廉的儿子，他和父亲一样，有着英俊的长相和娇小的身材——赖特总是声称自己有一米七四，但这很可能比他的实际身高要高（他的真实身高大概刚刚一米七，有时还会穿内增高的鞋）。他遗传了父亲的魅力、音乐天赋和对音乐的热爱。他讲起演奏管风琴的往事会滔滔不绝，一直到没有力气为止——正如他的父亲演奏音乐时，就完全不顾已经疲惫的儿子一样——对儿子的疏忽也是激起安娜不满情绪的源头之一。不管赖特年少时缺少什么，实际上好像什么都缺，但钢琴总是少不了的。后来，不管身居何处——无论是在东京建造帝国饭店，还是在亚利桑那的沙漠营地过冬，抑或住在纽约的广场酒店套房建造古根海姆博物馆时，赖特总有钢琴相伴。

他既是艺术家、摄影师，又可以承担对家居、绘图、图书以及建筑的设计，对以上领域都具有极为敏锐的神经。同时，赖特一直欣赏日本文化和中国文化，对周围的一切都充满热情，喜欢收藏美好的事物，大家都认为，这在很大程度上归因于他的父亲。威廉当时除了书什么都买不起，遭到重创后，他总是逃避到书籍的世界里寻求慰藉。赖特也是什么都买不起——他的财力都已被他的自我放纵消耗殆尽——可他还是会肆意挥霍，直至债台高筑。他像个傲慢的贵族，对此毫不在意。拿到酬劳，他会去买艺术品，而不是还债。终其一生，赖特所表现出来的财务边缘政策与父亲相比有过之而无不及，但是他将自己的挥霍行为披上了艺术的外壳。

赖特和母亲的关系可以说是相互依赖，她可以接受赖特所有的不法行为，忍受他的疏忽大意，始终陪伴他直到她离开人世。赖特曾多次说母亲总是很懂他，有一次赖特突发奇想要邀请自己的同学到家里聚会，他还没说出口，安娜就马上准备了糖果、爆米花和饼干。对于赖特后来更出格的行为，安娜也会默许并完全接受。她购置了首次修建塔里辛[①]的土地，在赖特遗弃了前妻之后，

[①] 塔里辛（Taliesin），赖特位于威斯康星的私宅兼工作室。1911 年修建，三次火灾后重建，现为赖特基金会使用。塔里辛被公认为是赖特的建筑理念和美学的集中体现。

将其作为赖特情妇的家；她的大度让赖特重新回到家中，而后赖特的房屋中也必将有母亲安娜的一席之地。安娜可以忍受赖特一个接一个的情妇和妻子，甚至不介意与她们同住。八十多岁的时候，她还远赴日本去照顾病榻上的赖特，即使当时已经有一个女人陪在赖特身边。可以说，就算全世界都背弃了他，赖特依然可以在母亲那里找到依靠。她一直陪在赖特身边，费尽心机、锲而不舍、一心一意、毫无怨言，这种不朽的复杂情感就是所谓的母爱吧。通过这种全心全意的占有和支持，她赢得了赖特对她的忠诚。

赖特的《一部自传》里描写过父母离婚前的温馨时刻——还在麦迪逊的那几年，傍晚他们会围着钢琴，一起唱当时很流行的沙利文和吉尔伯特的歌，充满欢声笑语。但童年时期那种没有安全感、贫穷不幸的家庭生活一定对他有很大的影响。在自传里，他总是小心措词，一面描述苦难家庭的琐事和不幸，一面又勾勒出一幅19世纪传统家庭中其乐融融的景象。但是威廉和前妻的一个女儿——伊丽莎白，曾经对这段家庭生活有过不好的描述，她称安娜是残忍、有暴力倾向的后妈。她在日记中写过一段恐怖的经历：安娜站在火炉旁，充满怒气地打她、烧她,她大声尖叫,最终被父亲救走。威廉带来的三个孩子后来都被送到亲戚家去照料。安娜脾气实在太大,威廉甚至专门就她的精神状况询问她的家人。后来有些观察者说,安娜确实喜怒无常,最严重的说法来自赖特的传记作家布兰登·吉尔,他说安娜疯了。喜怒无常、理想受挫,感情上、经济上都不顺利,不幸婚姻带来了重重压力,这些失望和疲倦已将她逼得苦涩焦躁,怒火中烧。

在赖特的描述中,母亲就是陪伴他到未来的守护天使——赖特出生前,母亲就在婴儿房的墙上挂了很有品位的橡木边英国教堂版画,以此对尚在襁褓中的赖特进行建筑学方面的胎教,并坚信赖特以后会成为一名建筑师。在赖特的《一部自传》中,建筑师(architect)一词和母亲(mother)一词出现时总是以大写字母开头。但上述事实却让我们有理由相信,赖特向我们展示的那个耐心、伟大的母亲形象是经过儿子后期臆想美化后的结果,也就是说,也许安娜并没有做这些事。那些一直忙于质疑赖特传奇一生的人也对此提出疑问,因为他们认为在当时的年代,而且是赖特那个如此贫困的家庭环境,新生儿的摇篮一般是安置在父母卧室的。另外,小埃德加·考夫曼（其父曾委托赖特设计了流水别墅，该别墅位于宾夕法尼亚森林的瀑布上，是20世纪30年代赖特的代表作之一）也质疑当时他们是否有足够的钱给版画镶边。在他看来，那些画可能只是从随手可得的《哈泼斯周刊》（*Harper's Weekly*）中剪下来的，仅此而已。但大家挖掘真相的积极性还是败给了安娜的本领：她确实设法镶了画框——赖特记得他儿时的家里是有镶框画作的，而且也设法让她的儿子有自己的独立卧室。就姑且当她真的挂了教堂的版画吧，她可能自有门路。

一家人重返麦迪逊后，安娜明显感觉对儿子在艺术敏感度上的精心培养可能有点儿过激了。与劳埃德·琼斯一家高大健壮的男人相比，赖特显得娇小又孤僻，乐于读书、画画、听音乐，还有"做小玩意儿"，每天做白日梦，追求自己的乐趣。尽管安娜鼓励他培养审美方面的兴趣，给他精心打扮，穿天鹅绒小套装，可赖特甚至在剪掉他卷发时都会流泪。安娜担心赖特缺乏男子汉气概，过于阴柔，她觉得就算是建筑师也需要一些体力劳动和一点儿现实感。在赖特十一岁时，安娜决定采取一些纠正性措施，她咨询了赖特的几个舅舅，想到了对策：让赖特在詹姆斯舅舅的农场度过夏天。詹姆斯舅舅也说：

"这孩子身上的肌肉就和一只乌鸦腿上的肉一样多。"

那时候,赖特很害怕那样的夏天,也鄙视住在农场,因为记忆中都是辛苦的任务,而且他很排斥饲养动物之类的农活。但他可以在田野上、森林中得到一些慰藉,因此,每次被叫去工作前,他就会在这些地方度过短暂的愉快时光。他认为在农场工作有失身份,令他反感。这样的暑假他接连忍受了五年,他称之为地狱一般的艰苦生活,但在这几年,他学会了怎样不知疲倦地工作,因为他必须一直按照劳埃德·琼斯家严格的标准来完成任务。"源源不断的疲惫感一次又一次地重压下来……"在9月重回麦迪逊上学之前,他一直是数着日子过的。但这些工作确实帮助他养成了良好的工作习惯,也磨炼了他的耐力,使他受益终身。赖特五十多岁,甚至到八十多岁时,还会一直督促自己的年轻学徒战胜疲倦,直到他们精疲力竭;赖特后半生一直称自己是个农民,尽管他在威斯康星的土地都是让别人来耕作的;他在20世纪30年代成立了学徒会,加入的人要交学费来这个伟大建筑师的工作室接受指导,他们要做苦力,收庄稼,而赖特则会大摇大摆地骑马经过——俨然一个典型的乡绅土地主。

一直到四十年以后,赖特才在《一部自传》中以回忆的形式描写到当时夏天的日常工作,但还是用他自己的话来说吧——他表现得非常棒!这一部分他是以第三人称来讲述的,但是从头到尾语气贯通,非常直观,更像是第一人称的视角。到了农场以后,他就被安置在一个只有一扇小窗户的白色阁楼上,靠楼下的烟囱供暖。"早上4点,急切的敲烟囱声响起,隔了一会儿,又敲了几下,更响更急。"然后他就伸手去拿詹姆斯舅舅准备的工装,"一件灯芯绒衬衫,还有一条蓝色牛仔布的背带裤。蓝色的粗棉布袜子和笨重的牛皮鞋,鞋带也是皮的"——不过他不喜欢帽子和鞋子,很快就把它们扔掉了。接着就匆匆从木盆里撩起水洗脸,水是他用绳子系着吊桶从井里打上来的,这就准备好去牲口棚了。"在牲口棚里他尽心尽力地学着舅舅演示的样子挤牛奶,直到双手酸痛",而且"刺鼻的怪味让他有点儿恶心"。

他了解到了农村生活中的危险——"那些母牛会喷着热气朝你顶过来,逼得你连连后退,直到抵住牲口棚的后墙。要是用挤牛奶时坐的小板凳敲它们的后背,只会让它们对你顶得更猛"。他还要光着脚踩在牛粪里,洗掉母牛乳头上的牛粪,将牛奶挤进木桶里,偶尔也跟雇工学着直接挤牛奶到嘴里喝。接下来就到吃早饭的时间了，在这个挑剔的审美专家看来，农场上的食物大份、粗糙。"煎土豆、煎玉米团、煎猪肉、绿皮干酪和玉米饼、煎饼和高粱糖饴、酸牛奶和纯牛奶，还有咖啡和茶，但这些并不合他胃口。"看到"红脸膛黄头发的雇工把高粱糖饴浇到盘子里一大块肥腻的猪肉上，男孩儿一下子毫无胃口"。他还记得那个雇工的名字叫戈特列。有各种牛奶，却都没有奶油。

接下来，他要和劳拉舅妈一起喂小牛犊——"他把几个手指蘸到奶桶里……让这群推推搡搡的小东西学着吸奶……可不是一件轻松的差事"。喂完牛犊，接着把"几根木料扛到大锯子旁边"。到吃午饭的时间了——"新鲜的炖牛肉、炖土豆、胡萝卜和芥菜根、自家做的面包和黄油，还有果酱、梅子干、酸菜、高粱糖饴和蜂蜜、绿皮奶酪、派或面包"。下午——"帮着詹姆斯舅舅扶着劈好的橡木板，钉围栏的立柱。5点钟，带着满手磨出的水泡，第一次把放出去吃草的牛群赶回来。6点钟，回到家吃晚饭。除了像日落西山一样千年不变的煎土豆，还有自家做的黄油和面包、烤玉米饼和煎玉米团、牛奶、蜂蜜和自制的果脯，还有煎的腌猪肉或者熏牛肉——加了奶油!"晚饭后,又要挤牛奶,"躺在床上,大概都7点半了,累得动弹不得"。

"第二天,又会响起让人心慌的敲烟囱声……衣服都被汗渍浆得硬邦邦的,但马上会继续让汗水浸湿……要饲养动物,马、牛、猪、羊,没完没了。"他要清洗马匹、"前前后后"清扫马厩——把马拴住、把马解开,"给马套上不同的东西去耕地、耙地、播种、划垄、拖平";"每天都要拌饲料,煮东西喂猪……听到小猪崽撕心裂肺的叫声,就要赶忙把压在它们身上的母猪赶开……杀猪的场景让人难以忍受,刀子深深地扎进肥厚的喉咙,鲜血从全家人吃的'猪肉'里喷溅而出,猪圈里污秽的气味更是令人窒息"。母鸡四处跑,"有时候会被可恨的鸡啄上几口,身上落满虱子也是常有的事……"有时候,由他负责"抓住大限将至的小公鸡,砍下鸡头,然后盯着没有了脑袋的活物,在院子里的木料堆上疯狂地扑腾,耗尽最后一丝生命……"

他也会收割庄稼,把麦子扎成捆,拖到一边再抛到一起,每次做完这些工作,"第二天早上就会浑身肌肉酸痛"。在这里也要饱受蚊子的折磨,"经常有苍蝇围着牛飞来飞去。还要提防带刺的野草、荨麻、有毒的野藤、大黄蜂、乱刺和树桩扎破脚,河里也一样危险,有流沙,灌木丛里有马蜂窝"。

但是在他一次次找回牛群(有时候太累了,就拖着尾巴最长的那头牛的尾巴走)的过程中,在穿越草丛的过程中,在森林里度过短暂快乐时光的过程中,也可以学到很多东西。"他知道俗称仙女鞋的兜兰花长在哪里,为什么长在那儿……跟着他,你能找到树荫下长着的天南星、向阳山坡上的野草莓,还有山泉汇成的溪水里长出来的水田芥。他知道在草地上哪里可以找到火红色的野百合……野樱桃的花开败了,结出一串串黑亮的果实,只等你张开嘴来浸润你的喉咙……雪白的桦树在阳光下闪亮。野葡萄爬满树枝和篱笆。漆树下的落叶间斑驳地露出绛红色的野果。淅淅沥沥的雨滴滑过树叶,敲打着树下低垂的香草。田野里盛开的乳草花,随风送来雪花似的花絮。田野被酢浆草染成一片通红……"这个调皮的男孩也会"抓青蛙、捅癞蛤蟆、扑蚂蚱、听夜晚沼泽地里高声欢唱的蛙鸣,蜻蜓和乌龟也同样让他着迷"。

夏日世界的声音、亮度、色彩、美感和种种奇观给小赖特带来很多快乐,其价值甚至超过母亲给他读过的惠蒂尔[1]和洛威尔[2]的诗。但他是赖特，总是会将这些都转变为未来建筑中有趣的素材，"他当时无意研究的东西后来发展成了自己的个人风格"。他随意地将自然融入建筑中，但又对这种做法很确定，以此将自然世界和物理世界结合在一起。"有那么一天，这个少年将会领悟，赋予每一棵树个性的力量正是一切建筑风格的秘密。"

在农场工作期间，他逃跑过两次。一次是被派去找他的伊诺思舅舅带回来的，他向伊诺思舅舅哭诉自己的疲惫、痛苦和愤怒，另一次则是被詹姆斯舅舅带回来的。他藏在干草棚里一整夜，大家在外面四处召唤、呼喊，这让他感到既满足又内疚，觉得不该因为自己的小情绪而让大家担心。赖特的母亲来农场探望过他，看到赖特如此辛苦甚至都哭了。

到了周日，令他开心的周日——"可以从疲惫的一周中解脱出来"。星期六晚上他会提前洗个澡，水是从水箱里打的，在炉子上加热。星期天一早就穿上进城的行

---

[1] 约翰·格林利夫·惠蒂尔（John Greenleaf Whittier，1807—1892），美国诗人，代表作有《赤脚的男孩》《笆笆拉》《雪界：一首冬季田园诗》。
[2] 詹姆斯·拉塞尔·洛威尔（James Russell Lowell，1819—1891），美国浪漫主义诗人、评论家和外交家。新英格兰作家群"炉边诗人"成员。

头。舅舅、姨妈、舅妈、姨夫都会坐在摇椅上,摇椅安置在木质小教堂的平台上,教堂的讲道坛上盖着一层紫色天鹅绒,并用孩子们采来的野花做装饰。孩子们一大早就出门,带回来一车赖特挑选的树枝,赖特很喜欢展示这些东西——"一簇簇鲜花和枝叶被随意混杂摆放着,好像它们在阳光下的模样,只不过更自然一些"。

赖特从未忘记周日在教堂度过的美好时光,以及和睦的家庭生活所带来的快乐——早上提前几个小时去尚有一丝凉意的森林里收集"奇珍异宝",用来布置祭坛,这当然是用于家庭礼拜的。随后的家庭聚餐会带来更多美好的记忆:各家的马车里都装满篮子,篮子里装的是超过日常标准分量的食物:填了料的烤鸡、煮鸡蛋、包着叶子烤的新鲜玉米、三明治和泡菜、新鲜的西红柿、蘸着盐吃的黄瓜、甜面包圈、点心、姜糖饼,以及各种各样的派和面包。"野餐的地点通常选在一片凉爽的绿草地……在美丽的树荫下……铺起颜色亮丽的餐布……通常要靠近溪流或泉水",以便将牛奶罐放在水里保鲜。

半个世纪以后,赖特曾在塔里辛发起过野餐活动,有些学徒在厨房里花的时间和在绘图板上一样多。赖特安排他们布置和童年记忆中一样色彩明亮的桌布,准备好同样种类丰盛的饭菜,他们坐在同一座山的同一片草地上,以此来追忆童年时光和家庭生活带给他的快乐,并对此表示缅怀,尽管赖特本人从来不是一个好丈夫、好爸爸,尽管他记忆中的生活方式已经一去不复返了。

第二章

从母亲安娜回归家族的那一刻起，赖特就找到了自己的归宿：他成为了朴素、正直的劳埃德·琼斯家族的一员。慢慢地，他熟悉并爱上了家族土地上的一切构造。赖特青年时期的第一份工作是参与设计一间新的家庭教堂。而他入行后的第一件作品，则是由姨妈们开办的希尔赛德家庭学校。后来，他还为学校添了一间风车房，其设计小巧、精致，两个组成部分相偎相依，看似冒险，却又极其浪漫，因而被赖特命名为"罗密欧与朱丽叶"。虽然舅舅们极力反对该建筑不合常规的设计，并且一直在预测其何时坍塌，从未停歇，但是，到他们一个个撒手人寰之时，风车房依然稳固。

　　赖特的价值观念——保守、说教、老派、决断、强调个人主义——都直接来源于劳埃德·琼斯家族，而这也是生活在那片区域的威尔士移民共有的价值观念。他们宗族观念极强，虔诚信教，有着相对"异族人"而言独一无二的自豪感。与大多数移民不同，威尔士移民没有四处分散——农民都去了威斯康星州，而矿工则在宾夕法尼亚州——他们并不急于学习英语和当地习俗，也没有尽快融入美国主流的意愿。尽管被规模大得多的德国移民和斯堪的纳维亚移民群体所包围，这个威尔士群体却一直留存了下来,规模虽小却亲密无间。许多威尔士移民都是英国国教一位论派的反对者,因为非正统的信仰,他们曾被视作异教徒,惨遭迫害。来到美国后,威尔士移民没有加入地方教会。他们修建了自己的小教堂,农户家庭围绕教堂聚在一起,形成了联系紧密的共同体。通过这种方式,布道辞和圣歌得以在威尔士语中保存下来,并一直流传到了20世纪。强调正直、独立和人身自由的威尔士移民主张废奴和禁酒。他们也带来了反英的偏见,在两次世界大战期间,赖特出于条件反射而非理性因素,全盘吸收并保持着这种偏见。

威斯康星州威尔士移民的故事是由历史学家菲利普斯·G.戴维斯讲述的,他详细说明了联邦政府如何鼓励对土地的占有和开发。1841年出台的《优先购买权法》规定,对于新西部已勘测过的区域,允许已经定居或计划定居该地的移民申请土地所有权——一美元二十五美分每英亩的价格另加十八美元的登记费,就可能买到一块一百六十英亩的土地。两百美元就能为自己在美国的未来打下坚实的基础。之后1862年颁布的《宅地法》,则以更加优渥的条件为移民提供超过一百六十英亩的土地,继续鼓励他们向西扩张。威尔士移民选择了能勾起他们对家乡回忆的土地,并用威尔士语来给他们的农场命名,如"佩尼戴斯"(意为"旅程的终点")或"布林莫尔"(意为"大山")。劳埃德·琼斯家族购买的土地位于威斯康星爱荷华郡的海伦娜山谷,数个农场紧密相连,相当引人注目——赖特的妹妹,玛格奈尔·赖特·巴尼,在她晚年的回忆录中将其称作"神佑琼斯家族山谷"。

在威尔士,劳埃德·琼斯家族曾是一个教派的领袖,这个教派从一位论派独立出来,在威尔士自成一派。来到这片新大陆以后,琼斯家族也带来了与国教惯例不相容的信仰,以及判断是非时能自定标准的特权观念。赖特从未怀疑过自己观点的唯一性和神圣不可侵犯性,他总是设法从公认的准则中为自己的过失找到借口。他能够也的确做出过为自我开脱的声明,对自己的不端行为进行解释。例如,他曾为一个女人抛弃了自己的第一任妻子。他以最高尚的措辞、最自在的心态做出声明。赖特的这种行为是"诚实的":他拒绝遵从那些"虚伪"的传统。他只是设定了自己的道德准则。

不知何时起,劳埃德·琼斯家族开始用"真理抗衡世界"作为自己的家族箴言。显然,他们能联合起来是基于这样一种认识:某种更高级的力量把某种更高深的真理单单赐给了他们,而非其他人。这使他们团结起来,共同对抗这个不够开明的社会中道德不高、意志薄弱、智力低下之辈的愚蠢和罪行。他们坚信自己就是某种特定智慧或洞察力的拥有者和守护者，这种基本信念是检验赖特一生的试金石之一，也是赖特晚年许多言论和行为的出发点。他创造了自己的方式，以寻求真理、对抗无知和保守。赖特相信他对真理的占有和保护不仅是绝无仅有的，而且在美学和道德上是正确的。在个人态度还远没有成为一种公认的社会交流载体前，赖特这种态度就转变为一种极度傲慢的行为。正如赖特在其最著名的一份声明中所说的那样，年纪尚小之时，他就在"虚伪的谦虚和诚实的傲慢"之间做出了选择。他选择了傲慢，并且再也没有回头。这种傲慢源于他对自身天赋的信心以及对平庸的无法容忍，他将这种傲慢展现给那些灵感无法与自己匹敌的人。晚年，随着赖特不知羞耻地操纵着对事实的公然漠视，这种傲慢固化成了一种与世界的蓄意对抗，一种机智而又蛮横的偏执。

　　赖特的出身、背景和性格，都使他与青年时代激进的文化氛围十分契合。他的早年岁月适逢一场艺术界的革命，一个崇尚创造力的时代，以及致力于推翻既有秩序并抵制传统模式的狂热艺术变革。19世纪末，浪漫主义与18世纪理性主义的对抗达到了高潮，而赖特余生所秉持的理念正是彻底的浪漫主义思想。启蒙运动时期所寻求的那种对理性的确信,在19世纪的思想家看来有缺陷,因为那种确信丝毫没有考虑到带有灵感的或是意料之外的发现。寻求真正的启蒙——艺术与人生的真谛——应通过本能、主观的个人经验,而非理性的准则。向大自然及其背后的力量敞开胸怀,真理和美将会通过一种全新的精神强度显现出来。

劳埃德·琼斯家族对思想教化的虔诚信仰丝毫不逊于对其宗教观念的信仰,他们敏锐地意识到了从东海岸向新边疆席卷而来的思想动荡。因此,除了《圣经》,他们也读洛威尔和朗费罗[1]的诗作。在韦茅斯的那些年,也就是靠近康科德[2]和美国的思想主流所在地时,安娜常给孩子们读诗。尽管手头拮据,她还是设法买到了威廉·埃勒里·钱宁[3]、

---

[1] 亨利·沃兹沃斯·朗费罗(Henry Wadsworth Longfellow,1807—1882),美国诗人、翻译家。他在英格兰的声誉与丁尼生并驾齐驱。
[2] 康科德(Concord),此处指美国马萨诸塞州东北部城市(非美国新罕布什尔州首府康科德),1635年始建,独立战争爆发地,许多著名文化人士曾在此居住。
[3] 威廉·埃勒里·钱宁(William Ellery Channing,1780—1842),美国教士和作家,其著作后来影响了许多超验主义作家。

西奥多·帕克[1]以及梭罗[2]的书,寄回威斯康星。

然而,真正赋予赖特灵感的,是那个时代最受推崇的文学巨匠——拉尔夫·沃尔多·爱默生[3]的著作。在其1836年发表的散文小品《论自然》中,爱默生被压抑的浪漫主义精神彻底爆发。这篇文章从福音派的角度对人类与自然世界的关系进行了诠释,发表数十年后依然余音绕梁,传诵不绝,是美国文学最负盛名的文章之一。爱默生在文中描述了一种强烈的情感顿悟,一种通过自然与宇宙合二为一的理想化体验:"站在空旷大地上,我的头脑沐浴在宜人的空气中,飘飘若仙,升向无垠的天空,一切卑劣的私心杂念消失无踪。我变成一个透明的眼球,我化为乌有,又遍览一切;宇宙精神的湍流环绕激荡着我。我成为上帝的一部分,我是他的微粒。"在爱默生看来,只有在与大自然独处时才能够感受到这种幻象。正因为如此,梭罗才受其影响,回归到荒野之中。一个半

---

[1] 西奥多·帕克(Theodore Parker, 1810—1860),美国先验论者,一位论教派改革派牧师,废奴主义革命者。
[2] 亨利·戴维·梭罗(Henry David Thoreau, 1817—1862),美国作家、哲学家,超验主义代表人物,作品有散文集《瓦尔登湖》等。
[3] 拉尔夫·沃尔多·爱默生(Ralph Waldo Emerson, 1803—1882),美国思想家、文学家、诗人。

多世纪后的今天,在这个肚脐外露的时代,随着所有的意识都转而回到内心,这些想法的力量是难以想象的。

位于这场思想运动中心的是新英格兰的超验主义者,他们通过自然、精神和上帝三位一体的神秘方式宣传一种类似于宗教性质的自然崇拜,认为大自然至高无上,极其神圣。他们进行了大胆的社会实验,诸如在马萨诸塞州和印第安纳州新哈莫尼镇建立布鲁克农场,并在此地进行社会主义实践——当时这在精神上是受鼓励的。其中,约翰·罗斯金[①]和威廉·莫里斯[②]是美学先锋派的主宰者,他们更注重天然,反对人造的矫饰;罗斯金反对学院派,莫里斯反对机械化。从英格兰的华兹华斯到美国的惠特曼,他们都在用激昂绚丽的文学风格来赞美自然,并为之注入了一种高屋建瓴、包罗万象、启发民智、开风气之先河的道德情怀。

1876年,安娜从费城的百年纪念博览会回到韦茅斯的家中(她似乎重新掌控了自己的一部分生活),发现了

[①] 约翰·罗斯金(John Ruskin,1819—1900),英国作家、艺术家、艺术评论家和建筑学家,著有《建筑的七盏明灯》《建筑与绘画》等。
[②] 威廉·莫里斯(William Morris,1834—1896),19世纪英国设计师、诗人,著有叙事诗集《地上乐园》。

福禄贝尔①的"恩物"。这些"恩物"包括木质立方体、圆柱体，以及颜色鲜艳的彩纸，是由当时家喻户晓的德国教育家弗里德里希·福禄贝尔在其最新的幼儿园教育法中提出并使用；再者或许是安娜发现了这些"恩物"蕴藏着培养出一位建筑师的可能性。劳埃德·琼斯家族的女人们都是天生的教师，安娜受到这种激发也就不足为奇了。赖特的自传中有一段被多次引用的文字，是这样描述的："这些彩色的纸条，像打过蜡般'表面粗糙'，颜色柔和鲜亮……结构图由豌豆大的木球和小直木棍组成……枫木制成的光滑匀称的木块产生的触感，让人不愿将其从指间放下……还有那令人兴奋的鲜红色纸板——它是如此的鲜红！……如果你愿意，这些东西都可以用天然材料制成。"

赖特曾多次将自己建筑形式的形成归功于这些益智玩具。在解读赖特早年的生活和作品时，格兰特·曼森给出了一系列合理而又重要的理由，来解释赖特作品中

---

① 弗里德里希·威廉·奥古斯特·福禄贝尔（Friedrich Wilhelm August Froebel，1782—1852），德国教育家，现代学前教育的鼻祖。他不仅创办了第一所称为"幼儿园"的学前教育机构，并运用自己在数学和建筑学方面的专长，为儿童设计了六套玩具，称为"恩物"（Froebel Gifts）。

第二章

三角和风车方案的魅力——其实这一切正是得益于他幼年时期的教化。但最近的修正主义研究却对这种提前顿悟的奇迹表示怀疑，因为早在19世纪50年代，美国就已经开始使用福禄贝尔的教育方法了。而安娜作为一名经验丰富的教师，没准儿早就把这些方法摸得一清二楚。但赖特对这种启示的描述却是不容反驳的。后来，珍妮·S.鲁宾经过调查后推断，安娜不仅早就熟悉了上述材料和方法，还是应用这些材料和方法的专家。鲁宾解释了安娜是如何超越这些叫作"恩物"的初级玩具，进而达到福禄贝尔训练方法的下一个层次的：她给了赖特一套名为"作业"的玩具，使赖特得以通过它们的几何形状进行更复杂的手工尝试。与日后的学前教育活动同名的"幼儿园"，是福禄贝尔创办的机构，其本意是为了将年龄更大的学生囊括进来；弗兰克那时应该已经九岁，能够很好地领会和学习那些玩具中包含的教义。

鲁宾最具启示性的发现是：福禄贝尔在成为教育家之前是一名晶体学家，而他的教具——"恩物"的形式和使用方法都源于晶体学。我们发现这一渊源贯穿于赖特的职业生涯，体现于他在建筑作品中使用的旋转方案、翻转镜像、六边模块，以及用标准晶体链串联的建筑群。

在后期作品的创作过程中，赖特没有止步于手中光滑木块所带来的愉悦的感官记忆，而是越来越深入地回归到从"恩物"和"作业"中学到的教义和原则，进而创造出复杂的几何结构。一旦几何学停止工作，想象力便开始接手了。那些变得愈发大胆和奇特的模型很大程度上衍生自福禄贝尔以晶体学为基础的样本。严格的现代主义规则和限制曾被用作衡量赖特后期作品的标准，随着它们的消失，赖特的这些建筑预示着计算机生成模型所具有的无穷潜力，而正是这些模型激发了21世纪建筑师的想象力。

爱默生和罗斯金的思想才是赖特"有机建筑"[①]理念的哲学根源。有机建筑被许多人视作毫无意义的神秘主义而不予理会，最好的境遇也就是任由他人冠以各种各样的解释。像爱默生和超验主义者一样，赖特相信自然世界是身体和精神得到满足的源头。大自然的美德，以及自然、艺术与道德的关系，是19世纪思想中不可分割的两个概念，在赖特的著述中反复出现。有机建筑，根据他自己的定义，是一种"自然的"、"发挥材料自然力"的建筑方式，能够通过自然、人类精神还有宇宙把人类

---

① 有机建筑（organic architecture）旨在从自然界多种多样的生物形式和过程中汲取灵感，是现代建筑运动中的一个派别，其代表人物正是赖特。

及其建造的世界结合起来。为了让概念、建筑及其实施过程形成一个有机、自然的整体，建筑师必须把土地的自然特质作为其设计的出发点。这种自然和自我的结合，将赖特的想法展现得淋漓尽致，是19世纪最有影响力的艺术家、作家和哲学家们所传递的理念，充满诗意与感召力，是一次壮丽的完美碰撞。尽管这一切在赖特过多的著述阐述中显得愈发含糊不清，赖特本人也难逃卖弄学问之嫌；也尽管这些思想在机械艺术和冷静理性主义建筑盛行的时代显得越来越过时，但是，赖特的哲学在他最好的作品中被演绎成了一种热情和美好，这是他的建筑和周遭环境最直观的连接，天衣无缝，经久不衰。

幼年时，赖特从母亲和姨妈给他的书中读到了罗斯金。罗斯金式的对自然景观的崇拜塑造了包括赖特在内的几代人的品位。罗斯金把包括整个文艺复兴时期和古典传统在内的人工矫饰都贬入了建筑学的炼狱；只有意大利的哥特式教堂和遗迹，因符合浪漫主义的思想而幸免。当时的艺术家和作家进行创作时，都在寻求这种令人敬畏的"极致"。

赖特没有告诉我们，或者几乎没有提及的，是塑造他艺术本质的其他理念和模型。为了维持他所谓的现代建筑创造者的泰斗地位，他不容许其他势力或影响介入建筑界，也不认可除他自己以外的任何作品。我们现在知道，赖特阅读时涉猎广泛，一是为了弥补其幼年所受的漂泊无定的教育，二是因为他是艺术和建筑类最新书籍和期刊的狂热收集者。他总是密切关注着正在发生的一切，并且具有很强的接受能力，所以他一直坚信自己在伟大的创造性变革中扮演着积极参与者的角色。国外发生的变动，任何细节他都从未错过。学者们已经证实，在19、20世纪之交的关键时期，欧洲与美洲有过一次思想上的自由交流。通过当时流行的英国刊物《国际工作室》（*The International Studio*），赖特接触到了一种世纪末的建筑风格，这种精巧简约的原现代风格建筑是 C. F. 沃伊齐、M. H. 贝利斯科特、菲利普·韦伯以及理查德·诺曼·肖等人在英国创建的。赖特了解查尔斯·雷尼·麦金托什[1]在苏格兰的新艺术运动，也熟悉维也纳分离派[2]的诱人魅

---

[1] 查尔斯·雷尼·麦金托什（Charles Rennie Mackintosh, 1868—1928），英国建筑师。他的作品属于工艺美术运动风格，也是英国新艺术运动的主要倡导者。
[2] 维也纳分离派（Vienna Secession）是在奥地利新艺术运动中产生的著名的艺术家组织。1897年，在奥地利首都维也纳的一批艺术家、建筑师和设计师声称要与传统的美学观决裂、与正统的学院派艺术分道扬镳，故自称分离派。

力。赖特十分推崇约瑟夫·奥尔布里希①设计的分离派展览馆、奥托·瓦格纳②设计的维也纳邮政储蓄银行，以及彼得·贝伦斯在柏林设计的建筑。后来，他与英国设计师 C. R. 阿什比以及荷兰人 H. Th. 维杰德维尔德建立了长久的友谊，这两人都是推动欧洲现代主义发展的关键人物。

历史学家安东尼·阿洛夫辛对赖特与早期欧洲先锋派的接触进行了研究，发现赖特熟悉的东西远不止他所承认过的那些。阿洛夫辛的调查发掘出了大量不为人知的例证和线索：赖特显然十分熟悉亨德里克·贝拉赫③使用的数学分析体系，后者是一位极富创新精神的荷兰建筑师，其创办的工作室曾培养了整整一代建筑界的活跃人物；赖特对抽象主义④也不陌生，这一概念当时正在欧洲

---

① 约瑟夫·马里亚·奥尔布里希（Joseph Maria Oblrich, 1867—1908），德国建筑师，维也纳分离派创始人之一奥托·瓦格纳的学生。
② 奥托·瓦格纳（Otto Koloman Wagner, 1841—1918），奥地利建筑师，分离派代表人物。
③ 亨德里克·佩特吕斯·贝拉赫（Hendrik Petrus Berlage, 1856—1934），荷兰著名建筑师。
④ 抽象表现主义（abstract expression）又称抽象主义，或抽象派。"二战"后直到 20 世纪 60 年代早期的一种艺术流派。一般被认为是一种透过颜色和形状，以主观方式表达，而非直接描绘自然世界的艺术派别。

大陆发展；他发现，与他早就放弃的路易斯·沙利文①复杂的叶状装饰相比，抽象主义更能引起他的共鸣。他甚至还知道综合主义②者的画作。作为象征主义③的前身，综合主义使用粗放的颜色简化画面中的对象，以追求形式、色彩和意义的统一。这与赖特处理装饰细节的方式十分相似。这些新理论、新运动常常作为文章主题出现在国际艺术刊物中，赖特一直定期翻阅，一期不落。要知道，建筑师总是对异于自己的艺术形式和同行的作品有着极其敏锐的洞察力。

日本主义④，一股19世纪盛行的风潮，影响了几乎所有可视、可移动、可穿戴或是时尚的东西。毫无疑问，正是这股风潮使赖特接触到日本艺术和浮世绘，并在很大程度上影响了他的设计风格和个人生活。历史学家茱

---

① 路易斯·沙利文（Louis Sullivan，1856—1924），芝加哥学派建筑师，第一批设计摩天大楼的美国建筑师之一。
② 综合主义（synthetism）本源于文学，1889年，画家高更自号为"综合派画家"，这一概念才正式于美术界风行。
③ 象征主义（symbolism），1885年至1910年间欧洲文学和艺术领域颇有影响的运动。
④ 日本主义（Japonisme），19世纪中叶在欧洲掀起的一种和风热潮。随着西方国家对日本的侵略，日本的艺术作品大量传入西方世界，由此引发了对日本艺术的审美崇拜。

莉亚·米奇记录下了赖特买卖日本版画的经历——收藏是他毕生的爱好和重要的收入来源。米奇发现，20世纪20年代，多幅日本版画被一位叫作F. L. 赖特的卖家卖给了纽约大都会艺术博物馆。众所周知，1893年在芝加哥举办的哥伦布世界纪念博览会上，日本展馆凤凰殿（Ho-o-den）让赖特开始对日本建筑有所了解，并加以研究。但鲜为人知的是，他还有弗里德里希·邓凯恩所著《日本平面装饰理念》(*Japanische Motive für Flächenverzierung*)一书1896年版的副本，书中菊花、牡丹和竹子的插图图案，很适合运用到建筑和陶瓷上。

罗斯金认为，要对艺术进行正确的实践，就必须确认和强化其道德品质（"道德的教诲"是他的传世之作《建筑的七盏明灯》中所阐述的原则），莫里斯也认为艺术是一种社会和民主行为，二者的观念引领了19世纪末道德与美学的融合，这一点也正是赖特的核心理念。赖特作品中的抽象设计和独具一格的自然形态总是伴随着一种贯穿全局的象征主义，这恰恰是维多利亚时代道德至上的原则所珍视的。例如，方形被认为是正直的象征；赖特曾把他标志性的方形应用于一大片切诺基红中——这是一种印第安人的颜色，一种他钟爱的、与他记忆中福禄贝尔的"恩物"那鲜亮的纯红相称的颜色。赖特早期的一个重要作品，1905年至1908年间建于奥克帕克的联合教堂，就是以方形为基础设计的。通过对联合教堂进行分析，托马斯·毕比说明了赖特作品中所体现的建筑几何学和精神象征主义是如何相互作用的。赖特很早就确立了他设计风格中那些为人所熟知的标志，但是人们不甚了解且与广受追捧的赖特神话相矛盾的是：在改变了整个20世纪的新兴现代主义框架下，这些标志是如何逐步形成的。

早在赖特的幼年时期，唯美主义运动[①]就已经是一股变革的力量；这场运动为进步的、唯美的设计以及家居装饰形式开创了新纪元。它所宣扬的"改革"（改革是19世纪所有风潮以追求社会和审美进步的名义所使用的关键词）在安娜装修房子的过程中就传播给了赖特。赖特永远不会忘记，明亮的房间里铺满了打过蜡的枫木地板，奶油色的网状窗帘笔直地挂在窗边，图画裱在细细的枫木框里，花朵、叶子和花枝有序地摆放在干净的玻

[①] 唯美主义运动（aesthetic movement）是于19世纪后期出现在英国艺术和文学领域中的一场组织松散的运动，提倡"为艺术而艺术"，强调超然于生活的纯粹美。唯美主义运动的兴起是对社会功利哲学、市侩习气和庸俗作风的反抗。代表人物为王尔德。

璃花瓶中，使叶子和花茎的天然纹理得以清晰展现。赖特的私人空间无处不摆设着这种装有时令花卉的容器。

赖特给追求进步潮流的富有业主设计的时尚住宅，带有宽敞的门厅，厅内装有巨大的壁炉和炉边，玻璃艺术品和陶器雅致地摆放在壁炉上方的多镜面炉架上，或者放在餐厅的餐具柜和壁架上。手织东方地毯斜对着桌子铺在地板上，浪漫的风景画或是伤感的风俗画陈列在画架上。唯美主义运动喊出了"为艺术而艺术"的战斗口号，旨在为以工业革命及其所带来的大量产能过剩为表现的物质主义找到一剂良方，是一次致力于消除维多利亚时代的混乱、陶冶品位与美感的净化行动。奥斯卡·王尔德是这次运动的发起人。作为一名年轻的建筑师，赖特并不反对蕾丝镶边的天鹅绒衣服。早午的照片显示赖特是一位典型的绅士艺术家，走在审美前沿的他留着微长的头发，打着平滑的领带，穿着自己设计的衣服。出国旅行时，他喜欢戴有檐的帽子，穿男式马裤；而在乡村田园中，他偏爱粗花呢衣服，配上一双靴子。

威廉·莫里斯的工艺美术运动迅速从英国发展到了美国。当时美国的改革团体（如阿尔伯特·哈伯德领导的罗伊科罗斯特出版社等）正处于统治地位，古斯塔夫·斯蒂克利设计的家具和工艺品需求量很大，带有大量螺纹雕花或压根儿没有花纹的土色陶罐也很有市场。其简单的样式、天然的材料和可靠的细木工艺被赋予了更高层次的意义——将那些准备和已经转变信仰的人从维多利亚时代粗制滥造的"罪恶"中解救出来。艺术和美德在美学上产生了令人陶醉的化学反应。福禄贝尔的启蒙为赖特今后学到的、接受的、运用并反复运用的一切奠定了基础。他吸收激进的想法、不停变换的风格，以一种神奇的方式将它们转化为自己的艺术风格。当然，他把这一切都归功于他与生俱来的创造力。

赖特要用余生来阐明他浪漫的、爱默生式的理念，却又以他说教味越来越浓的、伪惠特曼[①]风格的散文来喋喋不休。他这么做只会让爱默生双目呆滞、欲哭无泪。但是，在他那本揭露内情、激起争论、歪曲得令人恼火的《一部自传》中，也有许多清晰、美丽的描写。在书中，赖特用极为生动活泼且富有独特诗意的文字，描述了他曾经工作和生活过的地方。他用持久的热情爱着他

[①] 沃尔特·惠特曼（Walt Whitman，1819—1892），美国著名诗人、人文主义者，代表作品为诗集《草叶集》，被誉为"自由诗之父"。

出生的地方。他要把他的家和工作室建在家族其他住宅的对岸、威斯康星河边一块绵延起伏的土地上。他用一个威尔士诗人、神秘主义者的名字"塔里辛"为其命名，翻译成英文意为"闪亮的山巅"，因为房子位于一座小山旁边。赖特在那里经历了无数劫难——情人和情人的孩子被谋杀、令人绝望的财务危机，以及三次毁灭性的大火，每一次火灾后他都进行了重建。无论他去了哪里，也无论他绕着世界转了多少圈，这里始终是他的根。他始终是要回家的。

第三章

何谓真相？真相不过就是你愿意相信的东西而已。1932 年，赖特的自传出版，讲述了他个人版本的"事实真相"，其逸事式的解释高度连贯，发展成了一种独立的真实。历史学家托马斯·S.海恩斯在麦迪逊几个档案馆查了基本资料后得出结论："赖特对'真相'的理解与我们绝大多数人不同……他生性爱标新立异、开拓创新，决定并塑造了自己的个人形象——一种包裹在部分神化世界中的非一般个性。"赖特对形形色色事物的描述可能更适合去"介绍"他所谓的一生，也更易为人们所接受。

赖特对生日撒了谎，既然如此，他也就顺势对自己的教育经历撒了谎。最常见的虚荣罪便是少说自己的实际年龄后，再抬高自己的学历，赖特亦不能免俗。古今中外多少人，美化简历，篡改成绩，捏造学位，博得赞赏，这些谎言再平常不过，凡人皆有为之。如果赖特只是一个无关紧要的学生，只上过高中，或只在大学待过一阵儿，他会试图粉饰或放大这些事实，并宣称传统教育对像他这样具有独特敏感性的人毫无用处。他说他不记得学校里的任何事，因为他没有从中学到任何东西。赖特的家庭崇尚教育，实际上他全靠自学：广泛阅读，勤恳工作，善于学习，在办公室里开始了自己的事业。

赖特一直随着家庭奔波漂泊，即使安娜特意加强了他核心技能的训练，并为他安排别有助益的任务，他对自己早期教育的记忆也还是模糊了。安娜设法让他在颠沛流离的沿途就读了私立学校。除去在家教中利用福禄贝尔的"恩物"和为他读诗之外，安娜还不时安排一堂当时的文化精品课——兰德斯小姐的油画课（赖特似乎从来没有忘记过谁的名字），也就是在画布上涂抹"合适"的内容。他对此嗤之以鼻，并称这门课使"无辜的母亲让无辜的儿子变成犯下无辜之罪的无辜当事人"。但是在他麦迪逊的家中，他房间里一直保留着"一只站在铅管树枝上、不知望向何处的纸板知更鸟"。

任何人都能感受到，安娜为儿子提供的机会和生活上的便利——她似乎不声不响地积极进行了一些幕后操作——这是要付出不小的个人代价的。即使从这个穷困家庭的吃食来看，这种无私的奉献也可见一斑：节日上偶尔会杀鸡做菜庆祝，她会说自己没有兴趣，除了鸡脖都不喜欢吃。她的儿子一定会终生感激母亲那圣人般克己的无私忘我精神。

父母分开时,感激和内疚的双重情感已经纠葛不清,令赖特难受。然而,忠诚和首先为自己利益着想的因素还是占了上风,让他站在了母亲一边。他记住了音乐中的父亲,也忘不掉父亲留下的书。他时常说起,自己晚上躺在床上听父亲弹巴赫和贝多芬,充满了激情,那动人的音乐足以为年幼的赖特揭开艺术和生活之谜。托马斯·S.海恩斯常常讲述赖特的长子劳埃德夜里躺在床上听他父亲演奏同样的曲子,"好像他的心都碎了"。赖特像他父亲一样,坚持要求自己的孩子学习一门乐器,并且,家庭音乐会的传统一直延续到塔里辛的学徒会中。

回到麦迪逊,年轻的赖特先后上了第二沃德文法学校和麦迪逊高中。学校记录显示,赖特成绩一般,且不稳定——物理成绩时高时低,代数成绩维持在末流和中等之间,修辞学和植物学成绩平平。代数成绩的一次不及格,让他面临"留级"的处分,而且根本不曾有他毕业的任何记录。但他一直坚持阅读,小学期间,他如饥似渴地偷偷读遍尼克尔博物馆血腥暴力的冒险系列书籍,如《神枪手迪克》和《恐怖亡灵谷》等书。这些书因广泛传阅,都变得油腻不堪、磨损破裂,直到传到某位老师或家长手中,被没收撕毁。之后,姨妈和舅妈送给他罗斯金的《建筑的七盏明灯》《威尼斯之石》和《现代画家》，还有歌德的《威廉·迈斯特》。他还广泛阅读父亲的藏书，普鲁塔克①的《比较列传》(*Lives*)和卡莱尔②的《旧衣新裁》(*Sartor Resartus*)。他还设法搞到了维奥莱·勒·杜克③的《建筑探讨》(*Discourses on Architecture*)，之后数年他一直推荐这本书给他的学生。

安娜从问题缠身的妻子变为穷困的单身母亲。家里的孩子中，赖特最年长，所以要找工作为母亲分忧，而好像正是安娜为他找到了这份工作——1885年赖特被聘为艾伦·D.康诺福的兼职助理，月薪三十五美元。康诺福是威斯康星大学麦迪逊分校的工程学教授，同时也是一位身体力行的土木工程师。虽然赖特在教授的办公室里做的只是初级工作，但正是在这里，他接受了人生中的工程学启蒙课。据说是康诺福教授鼓励赖特成为学校

---

① 普鲁塔克（Plutarch，约46—120），罗马帝国时代的希腊作家、哲学家、历史学家，以《比较列传》（又称《希腊罗马名人传》）一书闻名后世。
② 托马斯·卡莱尔（Thomas Carlyle，1795—1881），苏格兰哲学家、评论家、讽刺作家。
③ 维奥莱·勒·杜克（Viollet-le-Duc，1814—1879），法国著名仿哥特式建筑师和作家，作品包括《11至16世纪法国建筑辞典》和《建筑论述》两部百科全书式巨著。

土木工程专业的特殊学生——很明确，这个年轻人既没有参加正常的入学考试，没有成绩，也没有高中文凭。也就是说，那段时间，赖特上午上课，下午为康诺福教授工作，晚上自习。

或者说，这一切都是赖特有意让我们相信的事实。我们又有了两个故事版本，真实的故事和伪造的故事，即真相和超真相，后者可能是概括赖特歪曲真相最好的用词了。他说他在威斯康星麦迪逊大学待了三年半。赖特对这段大学经历撒谎之大胆，可谓无与伦比，无论他此前的哪个谎言或借口都不能与之相提并论。他说："大学培养了一位学生，名叫弗兰克·劳埃德·赖特，他经历了大一、大二、大三还有一部分大四，几乎完成了全部学业，在最后一刻，他自愿放弃了学位。"他还说，1888年春天他"跑掉了"，没拿学位，是因为他接受的课程与他所关心的现实世界毫不相关。他解释道，他迫不及待要走进现实世界，以至于等不及拿那一纸轻飘飘的文凭。19世纪50至60年代，传记作者格兰特·曼森和菲尼斯·法尔从威斯康星大学麦迪逊分校的档案中发现，学校的记录和赖特的描述没有确实联系。他在大学的时间，不是三年半，而只是不到两个半学期。根据其高中和大学时期缺课和肄业的情况,赖特在今天只能被称为辍学生,也并非第一个这样做的天才反叛者。他创造并拥抱着的那个局外人的角色,绝世而独立,拒绝媚俗,他对知识的自我追求和自我认识让一切常规学习都相形见绌——只可惜这个人并不是他。

即使在完成学业的那几个学期,他课程的主题和成绩也都不稳定,让人纳闷。他自始至终坚持参加的课程仅有法语、数学和英语写作。对于工程学,不知道他到底接受过多少专业教育。他大学"几年"都是在康诺福教授的办公室接受了最相关、最有用的训练。他大部分的知识都来自实践和同事,他掌握了他们所掌握的,然后继续前行。

但是,在大学里,与其说他是个粗心大意、微不足道的学生,不如说他其实是在社交,并专注于服装缝纫。作为一个自称害羞、不谙世事的年轻人,他很快加入了大学生联谊会,并且表现活跃,至少比他在学术圈更活跃。他想方设法筹齐会费、购买服饰和娱乐等花销,不惜变卖一些父亲留给他的书,同时一如既往地依赖母亲的慷慨解囊。无论何时,他能借就借,甚至典当了母亲的瑞士金表,但这明显征得了母亲的同意。而他所扮演的局外人角色并不完全是高傲的形象：他深知自己的贫穷，却又被大学中光鲜的特权世界深深吸引，因此很是痛苦；他很注意修饰自己的"漂亮外表"。梅丽尔·塞克瑞特在她翔实的赖特传记中用了这个词，善于展示自我时髦感的意大利时尚界也有同样的说法。为此，他母亲甘愿牺牲她最珍贵的藏品——缝在她大衣上的貂皮衣领。

对于赖特的人物形象而言，他为自己打造的外在形象与他创造的个人历史同样重要。他效仿19世纪的艺术家，穿得像唯美主义者，也像个花花公子，但拿捏得十分到位。现在的艺术家已经抛却浪漫式的打扮，改穿国际青年套装——牛仔裤加T恤衫，当然少不了泼溅的颜料，虽然如此，建筑师们为了与他人区分开来，穿着仍然是与众不同的，这是他们的时尚宣言，有时候比艺术本身还要重要。其衣着变化从领带到领结到什么也不打，再到流行的包臀全黑套装，偶有与众不同的围巾或帽子，以此标榜个性。赖特在进步，从任凭母亲打扮自己，到只穿定制服装，最终他有了自己的风格，并将其倾注在披风、贝雷帽或套叠式平顶帽上。他超越时尚，傲慢地挥舞着手杖，不仅将其作为辅助工具，更作为他犀利言辞的指针、武器和尾声。

麦迪逊已装不下他的野心,这是不可避免的。史诗般的19世纪80年代,芝加哥正处在急速发展中,他想去那儿,他需要去那儿。那时的芝加哥召唤任何一个想在建筑行业一展身手的中西部之人。对赖特来说,去芝加哥是命中注定,那里的建筑作品久负盛名、建筑委托业举足轻重、建筑团体井然有序,各种新项目都吸引着才华横溢的设计师和无畏开拓的企业家,人数之多,令人咋舌。赖特决心找一条去芝加哥的路,就让母亲给一位舅舅写信。赖特这位舅舅名叫詹金·劳埃德·琼斯,是一位著名的一位论牧师,其时正为他富有的芝加哥教会会众建一所新教堂。赖特的母亲虽然不是个立场坚定的人,但在这件事上,她有些不愿意——因为失去儿子的想法总是萦绕在她脑际。赖特跟母亲说他会给一个建筑师干活,既可以养活母亲和姐妹们,又可以实现双方共同的梦想。他使出浑身解数,最终说服了母亲。

"绝不可能!"他那位牧师舅舅怒喝道,"无论如何也别让他来!"詹金舅舅还警告,如果他来了,只会挥霍在时髦衣服和漂亮姑娘上,完成麦迪逊的学业比什么都重要。他的口气毋庸置疑,让安娜松了一口气。但赖特觉得这是一种侮辱,因此他决定离家出走,因为他早已打定主意，无论如何都要去芝加哥。他暗中行动，卖了父亲收藏的不少图书，其中有普鲁塔克的《比较列传》和爱德华·吉本[①]的《罗马帝国衰亡史》，也卖了母亲的貂皮衣领——是从她大衣上拿下来的。买了去芝加哥的火车票以后，他只剩七美元解决食宿。虽然还不成熟，但他还是怀着深深的使命感，启程去了"西部永恒之城"。

他所看到的可以说离永恒相去甚远，没有半点儿罗马的影子。[②]芝加哥正在进行大火后的重建，其构想比其前身更野心勃勃。据芝加哥史学家唐纳德·米勒所说，赖特看到的并不是最初的重建结果，因为1871年大火后，施工人员以最快的速度在旧址上开始了重建工作。那是一次错失的良机，因为急于替换旧城，工人们在进行重建时"比初次建城考虑的少得多"。这座"新"城刚一建成，就已经显得过时了。因为1873年的大萧条，重建工作停滞到了70年代末，直到80年代经济复苏，才开始第二次力图改变现状的重建。这座再次重生的城市里，许多建筑被推倒重建，以便为不断发展的经济创造出更

[①] 爱德华·吉本（Edward Gibbon, 1737—1794），近代英国杰出的历史学家，著有《罗马帝国衰亡史》。
[②] 罗马（Rome）在历史上被誉为"永恒之城"。

多商业空间。

这次，芝加哥不同了。建筑师和工程师不断试验新材料和新结构体系，以此为基础，钢筋架构、玻璃幕墙的摩天大楼出现了，它们是建筑史上最激进的创举之一。不了解建筑传统没有让他们感到困扰，缺乏既定的建筑风格和前人的建筑样式也不会使他们受到限制，建筑师和工程师们反而可以进行更自由、更具创新精神的设计。新建筑的规模可谓前无古人，它们服务于新社会开拓进取的商业蓝图，而这个社会活力四射、绚丽多彩、险中求胜。赖特本来就是个耀眼的冒险家，芝加哥对他来说再适合他不过了。终其一生，他都把这种品性表现得酣畅淋漓，专业有加，这是典型的赖特风格。

早期的芝加哥高楼可能看起来确实壮美，但在今天的我们看来，它们多少有点世俗的功利味道。但在当时，芝加哥最具才华的建筑师路易斯·沙利文，也就是不久之后赖特的雇主，却说那是"自豪和翱翔的象征"。使用新材料、革新结构体系、改良电梯以及升级消防措施，无论是在概念、执行还是影响力上，这些都让芝加哥的建筑模式充满大变革的意味。对于投资人来说，这些摩天大楼最大的实际益处在于，最大限度利用昂贵的土地来获得最多的财产回报，因为建筑越来越高，可租空间也就越来越多。而建筑师面临的挑战在于，为这种前所未有的建筑类型找到新的建筑规模和风格。高度和象征主义的竞争从此开始，且之后从未停止。在诸如芝加哥和纽约等地的商业中心所发生的变化，永远地改变了世界各地的大城市。

乐观主义和雄心壮志混合着缆车和马车的喧嚣、施工的景象和声音、工业的蒸汽和烟尘，装满了这座拥有巨大生产活力的城市。在这里似乎一切皆有可能，一切都能取得成就。据米勒所说，急速发展初期，芝加哥建筑师的平均年龄还不到三十岁。"到1886年，"他总结道，"芝加哥成为世界上建筑试验的中心，而1880年之前，这座城市几乎没什么建筑可言。"大公司如伯纳姆和鲁特、阿德勒和沙利文、霍拉伯德和罗氏等，都将大量心血倾注到各种重点项目上，如写字楼、贸易总部、商品交易所、剧院、百货商店，以及新百万富翁的府邸。卢普区赶走原来的牲畜围栏，摇身一变，成为中心地带，令人惊叹，惹人侧目。经济繁荣，市政发达，文化上引领风气之先，这一切的超常汇合正在打造一个拥有自己独特风格和形象的城市。

据《一部自传》记录,1887年春天的一个雨夜,赖特于6点钟抵达芝加哥。他之前从没见过电灯,眼前一片目眩,随着拥挤的人潮在黑暗和潮湿中前行。他被带到芝加哥河上的开合桥,桥下深色湍急的水景,令他惊异不已,他就这样一直随着无尽的人流奔走,直到饿得走不动。他花了七十美分,也就是他百分之十的财产,买了些东西吃,之后一直游逛,最后在芝加哥歌剧院停了下来。剧院里干燥而温暖,他花一美元看了音乐剧《铺张华丽》,由于赖特此前跟随父亲学习过音乐,对此领域有所了解,他对该剧的评价是炫目而伤感。然后,他坐着电车,来回穿梭,不知疲倦,心中充满狂热,着迷于各式广告牌和耀眼的店前招牌,惊愕于车流、噪声和周遭冷漠的人群。最后,他随机来到一条街上,找了间出租屋,倒头便睡。

第二天早晨,他拿着一张清单从那间屋子出发。这张清单是根据城市指南和在艾伦·康诺福教授办公室工作时听到的名字列出来的。他尤其强调了兜里仅剩三美元十美分带给他的感觉。赖特在《一部自传》中说了这些故事,刻意弱化或省略了当时他恐惧不安的心情,因为这会削弱一个在满是陌生人的大城市中寻找财富的无名青年才俊所表现出的冒险精神,尽管不少人会对当时催他前进的兴奋劲儿和各种可能性表示怀疑。在他为自己塑造的一生中,虚荣和真实并存。

因此我们又有了两个故事版本。赖特说自己来到芝加哥,没有预先设计好的壮美前景,也没有人脉资源,他发誓不会联系詹金舅舅,决心靠自己成功。结果,在芝加哥的第一天毫无成果,他穿梭于各个建筑师的工作室,那些建筑师的名字现在已经是摩天大楼历史的一部分了:S.S.比曼,令人敬畏的工程师威廉·勒巴隆·詹尼,等等。他四处碰壁,甚至连瞥一眼各个忙碌的绘图室都遭到冷遇。穿着从大学衣柜里带来的那双时尚、挤脚、不舒服的"牙签"鞋,他走过街头,拖着疼痛的双脚,批判地看着城市里那些著名建筑——帕尔默旅店好似"一个丑陋的老头儿,脸上布满皱纹,可都是在错误的地方";W.W.博因顿的芝加哥商品交易所就像"双颊消瘦、脸庞僵硬、到处被削掉棱角的怪胎",这让赖特坚定了想法,绝不去应聘博因顿的工作室。有时候他会得到好心伙伴的问候,但更多时候是遭受绘图员轻蔑的白眼。晚上,他又回到廉价的住处过夜,多亏了好心的前台接待员,他能住仅收七十五美分的房间。他在一个面包店花二十美分吃了晚饭。第二天,他又去五家工作室应聘,结果一样糟糕,而且一天只吃了十美分的香蕉。第四天,他试了三家,依然没有什么好运气。

他应聘的最后一站是约瑟夫·西斯比工作室。西斯比是当时最受人尊敬、最时尚的建筑师之一,他当时正在修造赖特的詹金舅舅的万灵教堂,这并非巧合。赖特自称是匿名去的,没有表明任何关系和身份。但这狡猾的免责声明不禁让人产生了一定的怀疑。1886年,也就是一年前,西斯比在斯普林格林把劳埃德·琼斯家的小礼拜堂改造成了教堂,而那时赖特还在麦迪逊上学。但是他实际上参与了建造工作,主要是检查内部建造细节,也画了一幅西斯比的设计图,后来还以描图人赖特的名字发表。一本一位论派杂志上有关于这次小礼拜堂改造的记载,上面说"一个来自该家庭的小男孩建筑师"已经"开始照料"改造过程中的方方面面。

他离开麦迪逊时真的没有掂量这层关系吗?现在看来好像并不是这样。他之所以去芝加哥,肯定是因为有信心在西斯比的办公室得到工作的信息,甚至谋到一份工作,当然,这是在其他所有可能都化为泡影之后,才会采取的无奈之举,但是他更喜欢否认当时他的这个打算。他一直坚称，面试的绘图师叫自己出去看图纸时，西斯比没认出他。赖特称西斯比故意不开导他。不管当时受没受到重视，赖特的绘图技巧已经令人钦佩，画得几乎和西斯比一样好。西斯比以出色的盖木瓦房草图为人所熟知，这类房子生动别致，有角楼、凸窗、门廊、大壁炉和炉边，完全是流行的安妮女王风格[1]，深受日益兴起的中产阶级喜爱。赖特告诉我们，是西斯比对这位年轻人极致才华的欣赏让他雇用了这位充满抱负的青年才俊建筑师，给了他每周八美元薪水的"绘图师"一职。就这样，在芝加哥一家最有名望的公司，赖特有了他的第一份工作。

好吧，可能事实就是如此。但真假有关系吗？一段生涯、一个传奇从此拉开了帷幕。赖特和面试他的绘图师做了朋友。他名叫塞西尔·科温，跟西斯比一样，他也是一位牧师的儿子。两人一直保持密切的关系，因为他们背景相似，兴趣相投，都热爱音乐、文学和戏剧。科温感觉赖特饿了，就带他去了一家饭店，那里的咸牛肉

---

[1] 安妮女王风格（Queen Anne style）是维多利亚式建筑风格的一种，19世纪80至90年代在美国较为盛行。这种建筑风格由诺曼·肖（Norman Shaw）在英国首创，后被引入美国。

马铃薯泥很有名，在赖特记忆中，那一直是他吃过的最好吃的东西。之后科温带他回家。赖特可以住在他家客房，这让赖特分外高兴和感激。塞西尔的父亲刚刚丧偶，是他姐姐在照顾父亲和弟弟。赖特也开始想念母亲——四天过去了，安娜对自己的担心一定已经到了顶点。而这一点科温也敏锐地感觉到了，就带着纸笔到赖特房间。赖特问能不能借十美元，之后他会用工资还。他在《一部自传》中叙述这事时，语气一贯地没有掩饰，并且承认他无耻地对借钱这件事上瘾了。科温静静留下钱，而赖特把钱夹在给母亲的信中，得意地展示着他找到的新工作、新生活。

第二天早晨汇报工作时，他发现画板上满是女王安妮式的房子。为西斯比工作期间，他学习了许多家庭建筑的内容。但不久他将会觉得西斯比缺乏深思熟虑的草图只是"漂亮的画"，进而有了自己的想法。他对詹金舅舅那个教堂的设计尤其感兴趣。他和塞西尔·科温去了一趟工地，有了一次不尽然是意料之外的会面——詹金舅舅在监工，那么自然地就和这位一意孤行的侄子见面了。他并没有遭到舅舅的白眼。作为显赫牧师家庭的一员，有许多优势，而这些优势便是赖特进入芝加哥最好的社交、专业圈子的敲门砖。这个野心勃勃的青年绝不会错过这些利用优势的机会。他一定明白,这次幸运相遇对他意义重大。

尽管被一再挽留,赖特还是搬出了科温家,搬到了一处配有家具的房子里。这是因为他的工资涨了四美元,但这些钱马上就被各种新增的开销消耗殆尽。赖特从来不是一个忍气吞声的人,而且他笃信自己应得的远比现在得到的要多得多,于是他要求涨工资到十五美元。被拒绝后,他离开西斯比去了另一家工作室——比尔斯、克莱和达顿公司。很长一段时间内,赖特一直努力提升自己,所以他的工资一直在涨,一系列的学习经历也在不断丰富。他很善于利用这些学习机会,而当它们失去价值时,也会果断丢弃。他直接而聪明地追求着自己的事业,没感到一点儿难堪。当他感到比尔斯、克莱和达顿公司的创新精神太差,再没有值得他学习的高级设计师时,就"厚着脸皮"回到了西斯比建筑工作室,以十八美元的工资被重新聘用。

安娜每周给他写一次信,提醒他待人要真诚、善良,饮食要合理,衣服要穿暖,交友要慎重。他没有了后顾之忧,不用再担心母亲:安娜卖了威廉剩下的书,又从兄弟们那里分到了几百美元——那是赖特外公的农场变卖之后分到的。她打算在赖特需要她时卖掉麦迪逊的房子前往芝加哥。"她一向很勇敢,"赖特在《一部自传》中写道,"但我知道她是想要过来和我住。"安娜是不会被儿子丢到脑后的,儿子知道自己的义务。现在他已经有了十八美元的工资,他要把安娜和小妹妹玛格奈尔接到芝加哥——另一个妹妹简已经在乡下某个地方教书了,是时候让她们搬过来了。

他喜欢湖边,但安娜觉得冷,并且她不喜欢芝加哥的拥挤和俗气。逛了芝加哥周围的近郊,她选择住在城市西边的奥克帕克镇,因为那里街道宽阔,林荫遍布,会让她想起麦迪逊。奥克帕克因为教堂众多,被称为"圣徒安息地",享有不容置疑的崇高地位。安娜认识那里一位普救说派的牧师——奥古斯塔·查宾小姐,一个令人生畏的女人,她穿着沙沙作响的黑色塔夫绸衣服,胸前挂着大大的金色十字架,在森林大道有一处合适的红砖房。安娜很快和查宾小姐达成交易,租住了她的房子,直到做出更长远稳定的计划。

不到一年,赖特就在芝加哥最棒的公司之一巩固了自己绘图师的地位,发表了西斯比另一个小礼拜堂的图纸，这次是以建筑师弗兰克·赖特签名的（早期绘制西斯比小教堂的图纸时，赖特都以绘图人的身份签名，如今从绘图人提升到建筑师，着实是一步很大的跨越）。1887年，他在斯普林格林设计建造了自己的第一个作品——希尔赛德家庭学校，这是为内尔姨妈和简姨妈而建。西斯比工作室明显给了他足够的时间去完成这次任务。

但赖特很快意识到他在考量过程中忽略了阿德勒和沙利文公司，并且他知道，对他心仪的创新型工作来说，这家公司目前是芝加哥最好的。西斯比代表着既有事业的顶峰，阿德勒和沙利文公司则处于建筑业的前沿。他快速思索了一下，纳闷这家公司最初为什么没有进入他的视线，而事实上这家公司有很多可供他学习的东西。两位合伙人的组合貌似奇怪实则和谐——丹克马尔·阿德勒，一位理智、亲切、可靠的商人兼专家级结构工程师，也是芝加哥众多德国犹太人中的一员；路易斯·沙利文，一位英俊、遁世的爱尔兰人，曾求学于麻省理工学院和巴黎美术学院，他为定义新型摩天大楼做出了杰出的工作。两人在各个实践领域的合作都亲密无间。

1887年初，公司启动了最具野心的项目——会堂大厦。会堂大厦位于国会大道和密歇根大道的交接处，集合了大办公区、塔楼、豪华旅馆和为歌剧、音乐会、戏剧精心设计的会堂。赖特迷醉于这个项目的规模和特性，尽其所能寻找参与其中的机会。当然了，对于他是如何被雇用的，有多个版本，这并不令人惊讶。他自己的版本是这样的：一位绘图师给他带话过来，也就是说，实际上是阿德勒和沙利文公司请他去申请该项目的。但更可能的情况是，他听说沙利文需要助手帮忙完成会堂大厦项目，就立即决定采取行动了。

赖特离开西斯比，绝不是毫无愧疚的，因为老建筑师可以说有恩于他，而西斯比本人对于这位年轻绘图师的离开，则表示出些许的气恼和由衷的惋惜。但是各种合理化的理由很快平息了他的愧疚感，赖特一向精于以道德高度模糊问题行为或利己主义。赖特在《一部自传》中曾浮夸地发问：成长难道不总是伴随着承受和给予的痛苦吗？追求和实现卓越难道不是痛苦和折磨的产品吗？生活难道不是伴随一系列这样痛苦的插曲从而达到个人成功的吗？"难道不是每前进一步都伴有剧痛吗？"他如此把一切合理化，用着拿捏得当的浮夸腔调：而且，这难道不应该被理解为一个自然的过程吗？他就这样总结，全然没有往日华丽的辞藻和充分的推论，把一切说成是自然而然的，自然得就像一棵树让它顶上的叶子疯长出来为下面的枝干遮阳，让整棵树茁壮成长；也就像冬天的多年生植物在其腐朽死去的部分里吸收养分，慢慢绽开花朵。

难道西斯比就没错吗？他质问塞西尔，把争论推向更高级、更具争议的境地，因为他没有在赖特身上寄予厚望、严格要求，而仅仅是满足于那些"漂亮的设计图画"。难道他的建筑就不是背叛、不是谎言吗？这难道不是错误吗？这难道不会让他这样一个男人、一位模范不再那么受人敬仰吗？在最深层的、《圣经》上面的对与错，真实与谬误层面，他坚称道，尽最大所能追求卓越，这是一个人的责任，而且是最基本的责任。不背叛这一责任难道不是最基本的吗？自我意识和机会主义、诚实的灵魂探讨和自私的自我开脱，这些多个复杂的层面是交织在一起的。追寻艺术理想常常与强大的野心并行，两者互相推动，交互向前，都是为了实现自我——无论其过程伪装得多么像无私的哲学探寻。纠缠起来的关于对错的争论本就属于牧师的解释范围，而赖特是牧师的儿子，正如赖特的儿子劳埃德多年后对此进行的评论：赖特来自牧师家庭，他有牧师的灵魂，并善于使用牧师的语言。他沉溺于冗长的说教。他的作品和演讲都是建筑上长篇大论的训诫,严厉斥责那些没有虔诚皈依的人和事物。

像任何其他艺术家一样,他笃信一个观点——在他前进的道路上,没有什么阻碍或顾虑会一直让他止步不前。有些崭新的理念可能会动摇曾经的信念,扰乱先前的惯例,威胁到让人们舒服并熟悉的一切已有事物。这种崭新的东西刚开始是注定不被人们看好的,要是奢望专门的红毯为其铺就,敲锣打鼓欢迎这些理念,怎么可能呢?每个有才华、有天赋的新理念发明者都曾战斗过,无论手段正义还是邪恶,他们一定会让众人看到、评判自己的作品,因为这些作品与已有的、已为人们所接受的,是那样的不同。作者和其作品往往会被拒绝,销售也会异常艰难。赖特称建筑为"艺术之母",因为建筑包容现实,并且无论从实际上,还是从诗学上看,建筑都有力量来升华人类所面临的种种情况和境遇。对于艺术家来说,梦想即命运。做不可能的承诺,利用极致的魅力,这些都是构筑梦想的通行证。不论是诡计多端,还是口蜜腹剑,抑或是无耻谎言——只要梦想实现,这些手段都可以借此正名。只要你标榜"真理抗衡世界",你就能激起千层浪。

第四章

这一切基础工作真实而又合情合理，为赖特迅速成名打下了基础。随后，他被阿德勒和沙利文雇用，起薪如其所愿，达到了二十五美元。当然，依照他惯常的行事风格，他仍然觉得自己如果要求月薪四十美元的话，也一样会得偿所愿。沙利文显然是看中了赖特过人的绘图能力才雇用他的，不过更重要的原因或许是两人性情相投。传记作家布兰登·吉尔称两人"一见倾心"——暗示两人之间有着近乎"同性恋"式的情愫。撇开那些令人怀疑的心理传记分析不谈，无论他们是何等投缘，两人都有意无意间很快认识到彼此对建筑艺术有着强烈的共同兴趣和看法。毫无疑问，他们相互敬慕和需要，但是如果根据这一点揣测两人之间有什么见不得人的肉体关系，显然是过分解读了两人惺惺相惜、极为投缘的自然情感。他们在工作上的亲近感是赖特有意钻营的结果，而这层关系也很快使得他——用赖特自己的话说——成为"大师手中之笔"。

沙利文皮肤黝黑，长相英俊，但性格阴郁，待人冷淡，不喜言谈。他常常大步流星地走进制图室，毫不理会房间里的其他人，仿佛这些人压根儿不存在。但他经常在工作以外的时间与年轻的助手赖特待在一处，激情澎湃地就两人感兴趣的话题谈论不休,直到很晚。他觉得这个才华横溢的年轻人与自己很是投缘,因为他总是乐于倾听,求知若渴。沙利文不仅为赖特悉心解释建筑知识,而且也会和他畅谈瓦格纳[①]的音乐、惠特曼的诗歌、赫尔伯特·斯宾塞[②]的哲学,或者任何当时令他着迷的话题。对赖特而言,沙利文不仅是他的老师,更是他寻觅已久的人生榜样。他不仅如饥似渴地吸收一切知识,而且也敏锐地意识到这层关系对他的未来至关重要。虽然他们几年后不欢而散,但当时的这段关系——沙利文作为备受尊崇的大师——却在以后被赋予了传奇色彩。此后,许多人尝试理清两人之间究竟发生了什么,最后达成的共识是:这是两个天才之间独特的碰撞、合作与交流。

赖特曾经反复虔敬地使用"至上尊师"[③]一词,这在当时流行日耳曼文化的芝加哥甚为常见。赖特也并不是唯一对沙利文表现出忠诚与敬爱的人,其他助手和倾慕

[①] 威尔海姆·理查德·瓦格纳(Wilhelm Richard Wagner,1813—1883),德国作曲家,古典音乐大师。
[②] 赫尔伯特·斯宾塞(Herbert Spencer,1820—1903),英国哲学家、社会学家。公认的"社会达尔文主义之父"。
[③] 原文为德语"lieber meister"。

者也是如此。不过两人智力相仿、观念相通，这种心灵交会的联系是独一无二的。沙利文总是能够吸引赖特的注意，有时赖特会因此很晚回家，甚至饿着肚子睡觉，第二天很早就去工作室。他俩都坚信有必要创造一种新的建筑以适应不断变化的美国现代生活，两人都在坚定不移地以自己的方式付出努力，使其成为现实。无论两人之间的吸引力源自何处，也无论批评家们如何看待这种影响与互动——修正主义历史学家都认为，其中既有师父对徒弟的影响，也有年轻的赖特对年长的沙利文的影响——沙利文对赖特的重要性是不言而喻的，这一点赖特自己也反复强调过。

虽然他们之间只相差十岁，但在赖特笔下，似乎沙利文要比他大许多，近似于他的父亲。其实，名重一时的沙利文当时年仅三十多岁，而赖特只是个刚刚离开农场不久、初入业界的新手。沙利文在巴黎美术学院时，早已品尝过巴黎这个国际大都市声色犬马的生活。他久经世故、经验丰富、手段老到，而赖特，这个来自威斯康星的年轻人，在这些方面的经验却非常缺乏，又竭力渴求。所有这一切也为后来两人的隔阂埋下了伏笔。

赖特贪婪地向沙利文学习一切，很快就掌握了娴熟的技艺，成了沙利文的助手。他能够毫不费力地独立创造出极具沙利文特点的装饰物，驾轻就熟地仿做出凯尔特式叶状曲线的复杂图案。他能够预测沙利文的设想并付诸图纸，就像他能够接住沙利文的话茬一样。他从业伊始就已经清楚地知道自己偏好更简洁、更符合几何形状的图案风格；他拒绝接受工作室内盛行的混合模仿画风格。沙利文对设计住宅毫无兴趣，偶尔迫于情面时，就会把这些设计的活儿交给赖特，赖特也由此得到了很好的练手机会。1890年至1892年这三年间，赖特就曾经为公司设计过六幢住宅。因为这些设计都是利用工作以外的时间完成，他也因此获得了一些额外的报酬。对他而言，这些兼职收入如雪中送炭，因为他将奢侈品视为日常必需——他当时已经开始收藏书籍和版画，而他的收入远远不够置办这些奢侈品。在他完成的所有委托任务中，至少有一项显得异乎寻常，风格成熟，卓尔不群，就是他在1891年为詹姆士·查恩利设计的住宅。这幢私宅位于芝加哥市区，房子正面由未经修饰的砖石砌就，外形典雅对称，突出的阳台又有意打破对称，细节之处则带有文艺复兴风格的庄重感。整体风格与当时芝加哥街道两旁林立的精致的折中主义风格①建筑迥然不同。

赖特自加入康诺福工作室以来,就开始了他的工程学习之旅。而当前的形势是赖特继续他工程自学的最佳时机、最好地点。丹克马尔·阿德勒是一位广受尊重的工程师,他在军方接受过工程训练,他的公司包揽了许多大型项目,这些项目都需要用最先进的建筑技术才能完成。因而这里也成了最好的学习之地。尽管赖特和其他制图员的关系一直都比较疏远,他却比较喜欢保罗·穆勒,而且和他成了朋友。穆勒也是一个工程师,他是阿德勒公司的建筑工头,直接和阿德勒一起工作。这是两人此后长期友谊的开端。赖特自立门户后,穆勒为赖特设计的许多建筑担任过工程师。他在具体建筑工程方面的实践知识进一步强化了赖特天生的以及后天习得的工程技能。

赖特不仅将当时的建筑设计推向了极限,其设想更是挑战了工程设计的极限。因为没有任何现成的具体规

---

① 折中主义(eclecticism)风格是19世纪上半叶至20世纪初,流行于欧美国家的一种建筑风格。折中主义越过古典主义与浪漫主义在建筑创作中的局限性,任意选择与模仿历史上各种建筑风格,把它们自由组合成各种建筑形式,故也有"集仿主义"之称。

则和程序可以直接用来实现他的设计,他不得不一方面依赖正统的计算,另一方面依靠对结构的经验来摸索。他经常对客户说他们正在开启一场试验之旅,几乎没有人会因可能存在的风险而拒绝。他设计的住宅,有些屋顶如翱翔的飞鸟一般悬空于墙体之外,极为引人注目;有些房子悬吊于山壁之侧,或悬架于溪水之上;有的塔楼则如大树般以独根立柱为基,其下是状如树枝的地板——所有这一切大胆试验都是他未来那些超越常规作品的起点。

这些不同凡俗的设计常常会遭到人们的质疑。然而,一旦受到质询,他会立即如同热衷于高难度表演的艺人一般展示出表演天赋,用夸张的演示向客户证明自己设计的建筑结构绝对可靠。比如,1936年设计约翰逊制蜡公司管理大楼时,他曾采用独根立柱支撑的方式。为了证明柱子的承受力,他订购了远超柱子实际负重的沙袋,命人将其一点点堆放在柱子的顶端直到柱子折断,从而用一种戏剧性的方式证明柱子的承受力。1935年,赖特受雇于匹兹堡百货大亨埃德加·考夫曼,开始设计流水别墅,并由此引发了建筑史上最著名的一次旷日持久的争论。事件的起因是考夫曼对赖特的结构设计非常怀疑,于是请来工程师对房子前卫的悬臂结构进行评估。这群工程师评估了赖特的设计图纸,赖特则以辞职相威胁,但私底下还是按照自己的方式着手建造。将近七年后,随着建筑材料逐渐老化,在房体自重的作用下,流水别墅的悬臂开始出现倾斜,整个房子岌岌可危。后来房子修葺时采用了今日普遍使用的方式,但当时,这些方式尚不存在。

当伟大的建筑显露出缺陷,或是杰出的人物犯错之时,多数人总会抱着一种幸灾乐祸的心态。如果有人不满现状,敢于拥抱新鲜事物,挑战普遍做法,那么一旦犯了错,显现出不完美的一面,或者出现计算错误之类的问题,媒体和公众就会陷入前所未有的欢呼之中。世界上每天都会有建筑事故发生——桥梁坍塌,屋顶崩裂,天花板坠落——这些事故都会被刊登在与工程相关的出版物上。不过只要没有伤亡,一般也不会有人在意。但是,如果有任何超越常人预期或是很难为人所接受的事情发生时,它就会被视为上天对傲慢艺术家的一种惩罚。

修葺或翻新旧建筑本是常见的事情,赖特非常规的解决方案最终被证明很脆弱,总是出问题。缺陷与失败总会使英雄或艺术家显得像常人一样，进而给人们带来一种病态的满足感，这也与赖特传奇的一生形影不离。关于赖特设计的房屋漏水之传闻，或真或假，层出不穷。有人说漏水有一桶之多，有人说两桶，更有甚者说三桶，具体数量根据需要不断加码。这些传闻大多是真的，而很多房子都已经用更好的御水板和硅酮修好了。其中有一个客户抱怨说房子漏水滴到了桌子上，赖特说了一句非常出名的话："把你的桌子挪开！"当另一个客户摆满锅碗瓢盆去接从房顶倾注而下的水时，他的妻子说："你看，这就是你把一件艺术品露置雨中的结果。"挑战传统是要付出代价的，但在赖特看来，这些代价都不值一提。显然，他的许多客户也认同这一点。或者也有可能是他对自己的能力极为自信，压根儿不会考虑这一点。他无论在生活中还是艺术上都一贯热爱冒险，而且从不道歉。

赖特首次参与大规模建设与大工程项目始于他在阿德勒和沙利文工作室时。在此期间，他参与建造了会堂大厦，这项工程耗时多年才修建完成。唐纳德·米勒在关于芝加哥历史的著作《世纪之城》(*City of the Century*)中这样写道："1887年初，两百个人与三十支马队被投入

第四章

到破冰开土的劳作中,目标是挖出一个大坑,用于支撑美国史上最大的私人建筑。工程进展出人意料地迅速,在电气泛光灯的照明下,工人们夜以继日,不顾酷寒,连续工作了两年。"

整个项目所需要的工程图之多,仅凭沙利文一人已经无法胜任,于是他要求赖特负责将他的许多构想用细节表现出来。因为这种特殊地位,他被认为是沙利文最喜欢的员工。就像赖特所说的那样,他意识到其他人对他日益上升的地位心怀仇恨,知道麻烦迟早会找上门来,于是就暗地里开始向门斯特里上校学习拳击,而且还郑重其事地记下了这个名字。门斯特里上校原本希望将花剑这种更显绅士风范的防守技能传授给赖特,最终还是勉强同意教给他如何用拳头击倒对手。那些令赖特苦恼不堪的人们只看到赖特矮小的身材,却并未意识到他的力量和韧性,而这些优势又得益于他过去曾经整个夏天在农场里不知疲倦地做着大量手拖肩扛的活儿。有时别人会用脏话骂他,有时则以其他形式骚扰他、欺负他,比如将他的帽子从楼上扔下。他说自己为讨回公道,曾经将带头给他制造麻烦的人从凳子上打趴在地,摔碎了他的眼镜——这些做法就当时规则而言的确不够光明正大。在一场群架中,赖特被人用绘图刀捅了脖子。结果,带头攻击他的人被赖特的丁字尺"砰"的一声打倒在地,这场混战就此告终。最终,双方很可能在相互提防之中达成了和解。

他在职场上风生水起,生活也随之如鱼得水。会堂大厦竣工后,公司搬到了位于第十七层的顶楼塔楼。赖特也拥有了自己的办公室,而且与沙利文的办公室紧挨着。他与塞西尔·科温成了同龄好友。就像他说的那样,自己是"向塞西尔拜师学艺",因为他的公司不仅给他快乐,而且使得他有机会向一个更懂得人情世故的年轻人学习渴慕已久的社交技巧。当时的赖特在女性面前仍然显得局促和腼腆。他的众多亲戚都虔诚而正直,在这样的氛围里,母亲对他管教甚严,确保他婚前不会与女人有染。在当时,他被禁止抽烟喝酒,无论此后有多么出格的行为,他都没有酗酒。他年轻英俊,魅力十足,机智风趣。当时的赖特对奢侈品的品位和嗜好早已根深蒂固,这种嗜好此后一直在他的生活中占据重要地位,他也终其一生都因恣意挥霍而债台高筑。在塞西尔的陪伴下,他逐渐变得越来越自信和从容,开始纵情享受城市生活的欢愉。

刚到芝加哥时,赖特就已经有强大的背景。尽管他总是否认这些关系对他的帮助,但他非常清楚自己事业成功的捷径就是借助于詹金舅舅的教堂。安娜在搬到橡树园之前,每周都会写信,敦促他与舅舅保持紧密联系,因为他舅舅是芝加哥神位一位论教派极有威望的领袖人物。赖特与舅舅詹金"偶遇"后,他很快被这个大家庭所接受,并被引荐给了舅舅社交圈里有权有势的大人物。这些关系正是赖特所需要的,因为他们有可能成为他的客户或朋友。如果他连这一点都意识不到或者不会利用的话,那么他就太不谙世事了。赖特在实现自己雄心壮志的过程中就已经表现出了与生俱来而又工于心计的精明。现在,这位野心勃勃的建筑师又能接触到一大群名声显赫的宗教和文学人物。这些劳埃德·琼斯家的常客中有一些思想开明、才能卓著的知识精英和业界领袖,身为社会改革家的简·亚当斯[①]便是其中之一。1901年,赖特就曾经在亚当斯创办的"赫尔之家"中以"机器的艺术与技巧"(The Art and Craft of the Machine)为主题进

[①] 劳拉·简·亚当斯(Laura Jane Addams,1860—1935),美国人道主义者和社会改革家,现代社会工作领域的先锋,移民安置点"赫尔之家"的创立者。1931年被授予诺贝尔和平奖。

行演说。他渐渐开始喜欢上与芝加哥商界这些成功的年轻人士为伴,并乐此不疲。他舅舅的教堂是个宗教机构,更是个社交中心,为赖特提供了诸多非同寻常的社会活动和飞黄腾达的机遇。

在一个戏剧爱好者组织的演出后举办的化装舞会上,赖特遇到了凯瑟琳·李·托宾。她是詹金舅舅教区的一位富家千金。赖特说她身材修长,皮肤白皙,满头卷发,有一双碧蓝的眼睛,衬托着红润的面颊,走路时总是"无忧无虑的样子",令他心醉神迷。尽管她还只是一个十六岁的高中女孩,两人却显然一见倾心,很快坠入情网。通常情况下,这或许只是年轻人之间的一场浪漫游戏,但是由于被严格管教,长久禁欲,赖特自然会爱上这第一个闯进他生活的漂亮女孩,并深陷其中,不能自拔。他们两人此后的恋爱过程遭到了双方父母的强烈反对和看管。凯瑟琳十七岁那年,他们决定结婚。赖特的母亲安娜坚决反对此事,凯瑟琳的父母也断然拒绝。双方的父母都警告他们说:"你们还太年轻!"凯瑟琳的家人对宠爱有加的女儿坚持嫁给这样一个不名一文的年轻建筑师极为反对,而安娜也不愿儿子这么快离开自己。于是,凯瑟琳的父母把她送到马基诺岛的亲戚家待了三个月,希望她可以借此忘掉这段感情。然而,两个年轻人将这种流放看作对他们爱情的考验,更加坚持自己的计划。1889年6月1日两人举行婚礼,那天下着雨,赖特的母亲安娜和凯瑟琳的父母则号啕大哭。当时,年轻的新娘尚不足十八岁,而赖特本人七天后才满二十二岁。这个当时虽事业有成却还只是处于学徒期的建筑师,成了已婚人士。

在此之前,他已经把自己结婚的计划告诉了沙利文,同时也很委婉地提及自己现在的薪水根本无法养家和购置房产。沙利文不愿失去"手中这支好笔",就临时提出跟他签一个五年期的合同,并借给他一笔购房款。沙利文亲自考察和批准了赖特为奥克帕克的家的选址。那是位于森林大道和芝加哥大道交叉处的一片空地,一个充满乡村特色的地方。尤为难得的是,这里已经有个小屋可供赖特的母亲安娜居住。安娜是一个聪明的女人,她知道自己无法掌控赖特,却又决心成为他生命的一部分,就在离他不远的这间小屋安顿了下来。土地购置完成后,赖特只剩下三千五百美元用来建房子,他的建房开销则比这笔钱要多一千二百美元。不过,他从未跟沙利文提过此事,而这种超额消费的做法也成了他此后生活的常态。

这对新婚夫妇在当年就搬进了他们的新居。房子不大,高而尖的屋顶下是两个凸出的小房间,屋里有个大窗和凹进去的门廊。玄关和起居室里最显眼的位置是一个拱形的红砖壁炉与炉边宽大的空间。一层中其他的空间用作餐厅和厨房,其上则是卧室。楼上的檐口下是制图室。

赖特夫妇很快有了孩子,债务也如影随形。四个男孩和两个女孩在短短几年里接连降生,这令那些生活注重节制、谨小慎微的邻居们非常吃惊。对赖特来说,美丽的日常用品就像肉和酒一样,是生活必需品。渐渐地,屋子里到处都是他买来的漂亮物件,而那些给他提供日常必需品的人却并没有得到相应的钱款。他不得不借钱来偿还赊欠杂货商老板的几百美元——这笔钱在当时几乎是一个天文数字,而他的欠债也因此愈来愈多。当家里一切安定的时候,赖特就会把房子里的家具或装饰挪来挪去,或拆掉重新加装。他一生中很多时间都花在这上面。他的房子也总是要么改建,要么扩建,因为他的需求和观点在不断变化。赖特对摄影有着极大的热情和天赋。他自己动手布置场景,为家人照了一张全家福,照片里有他的妻子、儿子劳埃德、妈妈安娜和两个妹妹——简与玛格奈尔。从照片上可以看到全家人坐在房前的一张波斯地毯上，地毯是他从房子里拖出来搭在台阶上的，以创造一个恰当的艺术背景。

很快，家里就需要更大的空间了。楼上的制图室也被改成了两个小卧室。1893年，赖特又增建了一个游戏室。游戏室屋顶为桶形穹隆，顶部中央开有天窗，深色木材弯曲而成的龙骨构建出了一个漂亮的空间。罗马砖砌就的墙上是苍穹式的屋顶，光线从六米高的屋顶上倾泻而下，穿过一排排条状窗户，洒进屋内。屋里的橡树地板上是方形或圆形的图案，对这些形状的喜爱源自他小时候对"恩物"的记忆。屋子最里面是一个巨大的壁炉，壁炉上面是半圆形的壁画，画的是《一千零一夜》里的阿拉丁神灯。一簇簇充满节庆色调的玻璃圆球垂落下来，构成一个个吊灯，更增添了童话氛围。家里有个阳台用于戏剧爱好者的演出，而且也很快得以发挥作用。游戏室充满了艺术氛围和迷人的魅力，到处渗透着赖特习以为常的从容和夸张格调。

赖特的次子约翰后来也成为了一名建筑师，于他而言，赖特既是父亲也是偶尔的合作伙伴。1946年他写了一部回忆录《我父亲究竟是一个怎样的人》(*My Father Who is on Earth*),其中描述了他面对难以相处又要求严苛的父亲时,产生的那种爱恨交织的复杂情感,那种崇敬之情,那种因无法达到父亲要求而产生的自我怀疑与自责,以及由此而生的对父亲的怨恨和愤怒。赖特的长子劳埃德则专攻园艺建筑学,后来他搬到了加州。托马斯·S.海恩斯曾提供过一幅劳埃德很少见的、颇为暴露的肖像画。劳埃德把自己的天资发挥到了极致,20世纪30至50年代,他在加州用大胆的表现主义手法建造了一系列设计巧妙的房子。他也曾与父亲共事,但是两人相处起来并不顺利。在他的笔下,奥克帕克是一个令人心酸的地方,他则在这个特殊的地方度过了特殊的童年。

"由一层和两层楼结合而成的错层式房间;插满绿叶和野花的花瓶散乱地摆放着,巨大的壁炉……波斯风格的煤气马灯,俄式茶壶,一扇扇窗户首尾相连,延伸到拐角处,阳光从线锯切割而成的顶棚格栅上倾洒而下,阳光与阴影……一架钢琴……一尊真人大小的青铜贝多芬像,一个老旧的中式雕花椅子……各种各样的书……色彩缤纷、样式各异、质地不同的大版面对开报纸摞在一起,堆放在长窗户两边的窗台上。"——衣冠不整却又和蔼可亲的艺术家与收藏家,那是一种既新潮又兼有维多利亚复古风的氛围。

他对游乐室的印象尤为深刻,永远难以忘怀。他记下了自己穿过那"长而狭窄、低矮又昏暗的走廊,向游戏室走去",写下了踏进游戏室初见亮光时的激动之情。他也写下了那充满魔力的跳动的炉火给生活带来的童话般的感觉,房间的地板上"到处是形状古怪的布娃娃、积木、有趣的机械玩具动物,它们摇着怪模怪样的脑袋,到处乱窜"。游戏室属于赖特后来形成的以对比与新奇为中心的创作风格的初期形式。在他的这种作品中,通常会有一个小巧、昏暗、狭窄的入口,通向宽敞的房间,控制有序的光与空间的世界,令人觉得豁然开朗、别有洞天。

劳埃德长大成人后,回顾过去,仍然记得这个童年时代美丽而奇妙的地方"经常被用于贷款抵押以缓解经济压力,或时不时被作为设计的实验室改建"。赖特所有的住所都是如此:他用自己仅有的少量资金,冒着极大的风险将房子买下,而后用日本的屏风、中国的瓷器与青铜器、印度的雕塑、东方的地毯等来自遥远他乡、充满异域风情的古老艺术品将房间装饰得豪华而美丽。面对债台高筑的困境，赖特仍能摆出一副满不在意的样子。对此，他有个冠冕堂皇的理由：我的每一个孩子都必须在美的体验中长大。他从不让自己的偿还能力影响自己对美的追求和惯常的自我放纵。于他而言，视觉与心灵的丰富比财务自律重要得多。他经常倾尽所有只为购买那些他宣称自己生活中不可或缺的艺术品。对这些艺术品，他有着近乎贪得无厌的占有欲。在这种强烈的欲望面前，他又似乎有意显得无能为力，就像那些嗜赌成性的赌徒一样，不管多大风险都会拼死一搏。

关于他漫不经心的财务习惯和个人偏好，有这样一个众所周知的真实故事。一天，他发现自己从芝加哥回奥克帕克时没钱坐火车了，于是他走到自己表弟理查德·劳埃德·琼斯——后来成为了美国中西部著名的出版商，同时也是赖特建筑设计室的客户之一——的办公室借钱买票。拿了钱后不久，赖特又折回来借回家的路费，手上拿着去车站的路上买的日本版画，只因他难以抗拒这幅画的诱惑。

劳埃德一直把奥克帕克的家看成自己爱美、爱艺术的精神源泉，但艺术家们为自己创造的家并非仅仅是他们的生活背景，而是某种形式的自我宣扬，是他们向世人展示自我、展示自己设计信条和水平的方式。游戏室被用来举办各种聚会，这里还有各种"赖特造"的布景、玩具——这一切既作为孩子们玩乐游戏的场所，更是为了能够给日渐增多的朋友和客户们留下深刻的印象。后来，劳埃德常常要"拯救"那些他记忆深刻、爱怜有加的物品，有时他发现这些物品被丢弃在塔里辛的壁炉中，就和父亲争论，索要它们。这既是为了他自己情感上的童年记忆，也是为了玩具本身的美或价值。

赖特在圈子里的名气和地位日益上升。他可能是芝加哥建筑公司里薪资最高的制图师，手下还管理着阿德勒和沙利文工作室的三十个员工。然而，随着家庭成员的增多和奢侈生活的持续，他的财务负担也越来越重，他逐渐陷入无休止的拆了东墙补西墙的借债与负债的怪圈中。在奥克帕克，他的债务和他对高雅生活的品位一样出名。他把账单塞进深黑的坑洞，假装对其视而不见，直到债主们或者银行发出正式警告。他先是养了匹骏马，然后穿着剪裁得体的花呢骑马服在奥克帕克周围骑行；拥有汽车后，他无论去哪里都要开着一辆漂亮的车。他经常穿着定制的套装或自己设计的、由沙利文在芝加哥的裁缝哈金森先生缝制的衣服,来凸显自己愈加时尚有时甚至是古怪的样子。

到1893年为止,赖特一直在阿德勒和沙利文工作室工作:白天他到芝加哥市区的办公室上班,晚上则在奥克帕克的家中工作。为了养家糊口——对赖特而言,这不仅是指要养家,而且是要保持一定的生活水准,比如购买芝加哥音乐会的月票等——他开始在工作之余接私活儿,为他人设计私宅,他自己称之为"私货"①。显然,他的这种做法与他在公司加班按照沙利文的指示和要求设计房子是两回事。赖特的五年期合同上是明确禁止做兼职的,这些私下设计的住宅必然会逐渐引起沙利文的注意。沙利文知道此事后大发雷霆,立即解雇了赖特。盛怒之余,沙利文拒绝将赖特向他借款时抵押的房契还给他,虽然赖特已经偿清了债务。最后,沙利文年长的合作伙伴丹克马尔·阿德勒从中调解,赖特才拿回了房契。这次闹僵使两人对彼此心生不满,这种不和持续了很久,以至于此后十七年他们互不来往。

沙利文为何反应如此激烈,不得而知;但他很快就

---

① 原文为"bootleg",指美国"禁酒令"时期偷运或非法制造并销售的酒。

陷入每况愈下的抑郁和无所事事的状态中。尽管他一直对赖特直呼其名,但这种信任和友谊遭到背叛的感觉还是远远超过了违约带来的愤怒。此时,沙利文正经历着自己事业上极为困难的时期:他在建筑界的名气随着1893年哥伦比亚世界博览会的开幕而一落千丈,因为在这次博览会上,东海岸的建筑公司设计的经典梦幻风格的"伟大白城"名声大噪。这些以白色为主的建筑气势恢宏,而沙利文设计的建筑则用金色与赤褐色搭配,以同心拱结构和繁复多样的装饰风格为主。沙利文本人设计的交通大楼,则被认为与整个世博会上那些灰泥加油彩构筑的文艺复兴宫殿式的建筑风格不协调。客户不再青睐他的设计,转而给丹尼尔·伯纳姆、麦金、米德和怀特、理查德·莫里森·亨特等设计得更为新潮的学院派古典主义建筑抛去了橄榄枝。建筑界和设计师之间常常因社会和职业关系结成一个圈子,而沙利文这个情绪多变、极其聪明的爱尔兰人从来都是圈外人。

沙利文对此深感痛苦。在他看来,这次博览会使美国建筑设计的进程倒退了五十年。他和赖特本希望自己对美国进步理想所持有的乐观主义与远大目标能够通过新的建筑与设计方式得以表达，而今这一切都被传统欧洲中心主义建筑文化所代表的固有形式所取代，这种影响一直持续到20世纪。沙利文深感沮丧，更是因为在这次博览会后，一些本已委托给他的工程也被缩减，他的客户不断减少，到1910年后就无工可做。在他生命的最后时光里，沙利文变得多愁善感、郁郁寡欢，对一切充满怨恨，也无法接受命运和性格的大逆转。他在贫困交加中与命运做着无休止的抗争，他对建筑风格的转变保有一种近乎病态的担忧，这些变化令他感到过于残忍，不可理解，也痛苦不堪，更使他的生活雪上加霜。

与往常一样，赖特继续私下为人设计房屋，他按照自己对合同条款的理解为自己的行为寻找正当的理由。无论是私人关系破裂还是工作关系不和，他都以自己道义正确为由嗤之以鼻；或认为这是境遇使然，自己别无选择。整个社会使他持有了某些错误的标准，他的个人价值观使他可以免受良心谴责，因为他急于满足自己的需求。然而，正是赖特的成就为沙利文赢得了最终的胜利，但此时的沙利文已经贫病交加，孑然一身。从1910年到1924年间，赖特总会给他的"至上尊师"一点钱，而沙利文的回信中则渗透着一种傲气和绝望交织的情感，令人为之心痛。这个引领了美国建筑创新潮流的人，却没有活着看到自己的梦想在20世纪实现的那一天。

赖特1893年离开阿德勒和沙利文公司后，就在公司先前设计的席勒大厦开设了自己的工作室。此后相当长的一段时间，他和朋友塞西尔·科温共用这个办公室，但这里主要是用作他和芝加哥客户会面的地方。他继续在家里工作，就像他之前加班和接私活儿时一样。那些曾经导致他们不和的建筑是个神秘的变化之地，这些房子的设计中混合着他的想法和客户们根据当时流行的风格提出的要求——根基未稳的赖特尚对此不能拒绝。他那种"不要就拉倒"的不可一世的做派尚未出现。他曾经复制过殖民地风格和都铎风格，也曾尝试过带有连续拱形的佛罗伦萨式凉廊的建筑。但他很快放弃了这些造型古怪、头重脚轻的建筑。这些建筑的共通之处在于它们都对学院派细节进行了简化，都呈现出一种超乎寻常的气势。传统的飞檐被悬垂式屋檐取代，三角式屋顶让位于他钟爱的斜脊式屋顶，内墙要么被移至他处，要么完全消失。

赖特自立门户之后，很快创造出挑战传统、前所未有的草原派风格，辅以他毕生宣扬和倡导的有机建筑理念，而且日臻成熟。人们对其"草原风"建筑的说法毁誉参半，有人认为这是一种具有地域特色的革命性家居建筑，也有人认为把芝加哥郊区这些远非草原的房子称为"草原风"完全是自我标榜、欺世盗名。该称谓于1901年出现在《妇女之家》（*Ladies' Home Journal*）杂志上，当时他为爱德华·博克——柯蒂斯出版公司的总经理——设计了一个房屋模型，并为之题名"一个草原城市中的家"。博克的倡议是，人们应该设计更好的住宅，也曾邀请一些知名建筑师围绕不断进步的住宅理念向刊物投稿，但屡遭拒绝。赖特立刻意识到这是将他的作品带给中西部以外读者的好机会，也是他在不受客户掣肘的情况下展示自己想法的绝妙时机。

他的两幅设计图在这一年得以在杂志上刊发。设计图中的两幢住房预计造价分别是七千美元和五千八百美元，需要者可以从杂志社购得该设计图。没有太多人急着去购买这两幅设计图，但是一种新的样式在设计中成型了：低矮、平缓的结构取代了通常高耸、陡直的盒子式样，房子与周围土地之间形成了一种古板、直立式住房所不曾有过的关系。低矮、悬挂式屋顶下是一扇扇门式窗，传统设计中正式的门廊被环绕着壁炉的起居室、餐厅和书房形成的通透空间所取代，内墙被尽可能压缩或弱化以突显开放的空间。房子的中心是巨大的壁炉，象征着一家人团坐四周，徜徉于炉火散发出的温暖气息中，宽大的烟囱似乎将整个房子牢牢地固定在大地之上，为居住其内的人们提供庇护之所。这两幢房子一直都让人着迷不已。

在赖特本人看来，上个世纪之交，芝加哥附近自东向西延展的平原城镇，很容易就被他理智而浪漫地转化为自己设计灵感的来源。一旦形成了这种风格，无论是郊区的大街上还是林木茂盛的丛林里，只要有建筑的地方，就会有这种风格。赖特在威斯康星度过了自己的童年时代，那里有连绵起伏的平缓山丘，也有狭长而开阔的视野，他对此地饱含深情，这种挚爱自然而然地让他觉得，住宅应该成为大地的一个部分。大部分建筑师都会依据自己的感觉，或内心流露出的信仰，抑或是某种信念，为自己的创造寻找某种依据，很多时候这种依据难以为常人所理解。传统的房子大多形制严谨，多垂直或环形设计。而赖特设计的"草原风"建筑，则更多使用长而低的线条，环环相扣的形制，开阔的空间规划。

这种设计使用成组的窗户、平台屋顶，打破了室内与室外的界限，贯通了彼此，也促成室内外风景融为一体。相比较而言，赖特的设计照他的话说，可谓"跳出了窠臼"。有时即使房子不能摆脱郊区空地的限制，也能使整座建筑，甚至使整个地方呈现出不同的面貌。

这种设计住宅的方式源自何处？无论多么细致地搜检过去的文献，都不能找到类似设计方式相关的记载。没有直接可供借鉴的先例，没有见诸报端的相似设计，也没有显露出他在形成自己风格过程中试图打破的既有偶像。终其一生，赖特坚持和试图维护的神话是：他的作品是纯粹的发明，一种前所未有的建筑创造，一种毫无师承的个人独创。从某种意义上来说，事实的确如此，他的确像自己宣称的那样是个"原创者"和"异见者"，是一种新事物的发明者。但事实更令人受益：如果深入挖掘，便会发现这些看似自然而生的创造源自许多兴趣爱好和影响，它们相互融合，形成了这种既具有革命性，又美丽、独特的个人风格。

赖特有收藏癖好——他独具慧眼，永不满足地搜索着各种来源，收集着各种吸引他的东西。他是个有教养的人，来自一个重视知识的家族，这种家族的传承鼓励他以开放的心态接收各种思想,不知疲倦地追逐着所有吸引他的事物。他观察敏锐,阅读广博,品位驳杂,深深地被19世纪那些最先进的时尚与思想所吸引。与所有建筑师一样,他熟知其他有才华的建筑设计师,那些建筑师开创了新领地,设计出令他钦佩不已的建筑,他对此耳熟能详,如数家珍。他深入地研究其他人,也清楚地知道,他公开嘲讽的那些颇有建树的建筑师作品中有哪些方面值得注意和借鉴。尽管他对西尔斯比夸张的安妮女王式住宅嗤之以鼻,对麦金、米德和怀特所设计的学院派纪念碑不屑一顾,但是对两家公司在设计乡村住宅时采用的更简洁、更随意、自然丛林为主的"辛格"式建筑,他则明确表示认可。

他记下看到的一切,吸收喜欢的一切,却什么都不模仿,而是将其融入自己的思维中,创出自己的风格。安东尼·阿洛夫辛,赖特作品编年史的作者,以其独到的观察力,对此做了清晰的界定:赖特的天赋在于他吸收、抽象以及超越而非模仿他人的能力。他的杰出不仅缘于他独特的视野,更缘于他与同时代的创造潮流互通气息,并将这些知识的源泉转化成个人的表达方式,进而改变了建筑艺术的进程。

当然,赖特自己一直否认对前人的继承,坚称他未从任何人那里学得任何东西,还一再指出建筑设计行业的其他人要么是彻头彻尾的骗子与傻瓜,要么是地地道道的无知无能之辈,只有他自己代表着建筑的真理——其他所有人都应该向他学习。他宣称自己是建筑学会和西方古典传统的敌人。其实,他既处于自己的时代之外,又是时代的产物——这也是他艺术与生命中的悖论之一。赖特积极参与艺术界现代主义的思想发酵与创新性探究。他努力否认自己与任何新的进展有联系,否认与任何当代潮流有瓜葛,否认与任何发生于美国本土或是欧洲的新动向有牵连,无论是通过书籍、杂志、直接的观察,还是与他国建筑师的职业联系,他都一概没有。尽管他在《一部自传》中表达了对在维也纳和柏林看到的建筑的赞赏,但他唯一公开承认所受的影响,是源自日本的艺术和维奥莱·勒·杜克,因为前者使他掌握了材料的内在特性与摒除一切枝蔓的理念,后者教会了他结构美学,两者都可以被引用而不致影响到他独立创造的形象。

他在1893年世界博览会上第一次见到日本馆的凤凰殿时就对日本艺术着迷不已。早期设计的住宅中他多用深色木质饰边与浅色灰泥墙壁,就是这种兴趣的反映。他沉醉于日本建筑简洁的设计、高雅的技术、轻便的结构,称其"自然""有机"并且"现代"。1905年赖特第一次出国,不是按照传统惯例去巡游欧洲,而是去了日本东京,在那里,他把自己的妻子和同行者丢在一边,一个人绕道很远,穿着自己设计的、样式古怪的"本土"衣服,去日本的各个省份游览,完全沉浸于日本的文化艺术中,最终带着自己的第一批异国收藏满意而归。

从他的书作和信函中不难发现,他对维也纳分离派的新艺术和设计风格非常钦佩。1904年在圣路易斯市举办的纪念购置路易斯安那博览会上,他首次与分离派建筑邂逅,那是一座由奥尔布里希设计的凉亭。此后,他多次来到这里反复分析这座凉亭独特的设计体式。他与英国和荷兰现代主义先锋艺术家多有联系,他们中有些人对赖特早期的建筑表示出极大的兴趣,并前往芝加哥察看。德国人和荷兰人则最早在主流出版物上对赖特的作品表示了认可。

经济大萧条结束后,赖特收到的委托订单数量猛增,他的信心也与日俱增。到1904年,他已经至少建造了十二幢"草原风"住宅。这些住宅在当时被邻居们视为"格格不入",而今都已成为经典。他的"草原风"建筑共有三种类型:第一种是基本的标准式样,可供收入较少者购置;第二种是造价中等的式样,使用了更好的材料,具有更典型的特征,可供收入中等者购置;第三种是造价昂贵的定制式样,大胆、精美的设计渗透于每个细节之中。

他的众多客户都是成功且受过良好教育的中上层商人,社会或公众人物中的领袖,或是思想开明、热衷文化且有钱购置豪宅的政治"进步分子"。赖特的作品,代表着建筑设计中进步、"启蒙"的观点,他的客户对此深感兴趣;这些特点也博得了客户妻子们的好感,她们也普遍对美和知识有所涉猎。就像众多艺术赞助人一样,他们成为了新事物的支持者。在赖特经常讥讽为偏狭资产阶级功利主义的大环境里,他们的住宅昭示着见多识广的赞助人大无畏的态度。他们也成为赖特的朋友和保护者。后来,当赖特由功成名就落得丑闻缠身,而后又变成前所未有的悲剧人物时,他们都为他提供了支持,从而成就了真正的赖特。

位于伊利诺伊州芝加哥市的弗雷德里克·C.罗比私宅,1908—1910年建。

位于威斯康星州斯普林格林村的塔里辛,赖特的家兼工作室,1911年建。图为20世纪30年代塔里辛的起居室。

位于加利福尼亚州帕萨迪纳市的"小东西",爱丽丝·米兰德私宅,1923年建。

位于宾夕法尼亚州熊跑溪的流水别墅,埃德加·J.考夫曼私宅,1935年建。

位于威斯康星州拉辛市的约翰逊制蜡公司管理大楼内部,1936年建。

位于亚利桑那州斯科茨代尔市的西塔里辛,赖特的冬季住宅兼工作室,1938年建。

纽约市索罗门·R.古根海姆博物馆内部的圆形大厅，1943—1959年建。

位于威斯康星州麦迪逊市的雅各布斯私宅，1936年建。赖特"美国风"住宅的典范。

第五章

此时，赖特开始雇用自己的设计师，他在奥克帕克的家也因此亟需增加更多的工作空间。先是游戏室被用作工作室，紧接着于1895年又沿着房子在靠近芝加哥大道的一侧建起了新的工作室。矮墙之后有一段楼梯，楼梯尽头是一个开放式的凉廊，来访之人自大街拾级而上，穿过凉廊便到了凹形入口。凉廊之后是一个宽敞的接待大厅，再往后便是赖特的书房，左侧紧挨凉廊的地方是一个巨大的双层制图室，其上是八角堂，四周是高侧墙。对面的图书室形制与此八角堂相似，但空间略小。整个设计在水平向的流动使人在穿过开阔的走廊时能够看到连续变化的风景。工作室环绕着一棵巨大的柳树而建，被称为"中间长有大树"的房子，赖特的古怪性格也因此更加远近闻名。

房子散发出的气息既有赖特当时的风格，也预示着他后来的趋势——手工制作的陶罐或铜器中插着橡树叶和风干的野花，巨大的红砖壁炉前摆放着配有柔软坐垫的高木条板凳和椅子，日式版画搁在赖特自己设计的画架上，边上是各种各样的雕像复制品，这些雕塑既有胜利女神像和"米洛斯的维纳斯"（两者在赖特的内部设计中被巧妙地反复运用），又有学院派风格（Beaux Arts）的仙女塑像。

这种艺术的怀旧情愫、沉闷的土色调在后人的眼中或许会显得过于守旧，但其开放的布局、视角的转换、简洁的风格对于19世纪后期的人们而言完全是一种大胆革新，因为他们当时早已习惯于繁复装饰的房间、多种色彩的混合与令人窒息的门帷。赖特摒弃了将一切混杂的做法。尽管他的现代风格在当时看起来显得有点空荡荡的，但在今天看来仍然是19世纪传统上的图画式风格。他的风格力求在浪漫自然主义和抽象几何形状之间实现平衡。在他的设计方式中，自然界永远占有一席之地，但是源于自然的装饰性细节被他转化成越来越简约的几何形状。他对19世纪的新艺术风潮没有任何崇敬之情，标尺、三角尺和罗盘是他的工具，这些工具所产出的极其复杂而有趣的圆形、方形、三角形和六边形组成了他最爱的设计词汇。一个世纪过去了，极简主义时代终于到来，电脑辅助几何绘图也已出现，使得赖特作品激进的锋芒不再，但如果以他所处的时代来看，这些设计对当时传统的冲击简直令人震惊。

正是因为有了拉克斯弗棱镜公司的合约，工作室的建造才成为可能。因为使用和宣传了一种新型的特殊屈光玻璃，赖特收到了一笔预付定金，为工作室的修建筹集了基础资金。工作室不仅增建了必需的制图空间，而且也以更加职业化的方式展现了他的风格与天赋。他分秒必争，抓住一切机会利用其他可能的渠道（比如加入职业团体和公民委员会、发表演讲、参加建筑展览等），建立联系，提升名气。他是芝加哥工艺美术学会的早期成员之一，该学会曾经引领19世纪90年代的艺术风潮。他的作品在1894与1895年间的芝加哥建筑俱乐部年度展中被置于显要位置。1898年办展时，他的作品被放在自己设计的房间里展出，由于风头太盛，甚至有人抗议他的作品影响过大，霸占了整个展览。1899年，他的设计数量有了大幅压缩，但与对手之间的竞争关系早已形成——他在其后的生涯中从未尝试避免树敌，有时甚至故意促成竞争态势。他对日本版画的热爱与辛勤搜集，消耗了他的一些精力，但也给他带来了支持——1906年与1908年，他分别在芝加哥艺术学院举办了他最好的作品展。

1901年，赖特在珍妮·亚当斯创办的"赫尔之家"——芝加哥的自由文化中心——发表了题为"机器的艺术与技巧"的演说。这场演说直接站到了当时一群工艺改革运动领导者的对立面，因为后者呼吁人们拒绝机器生产，回归手工。在杂志、书籍以及文化权威的鼓吹之下，富足的美国社会有了充裕的时间追求更高雅的事物，也因此生产出了大量的陶艺、手绘画与手织艺术品、模板印花、手工纸和书籍，以及无穷多的家庭艺术品。尽管手工是赖特艺术技能的重要组成部分，他仍然认为技术是建筑不可或缺的伴侣。他呼吁人们理解和使用新的工业材料、钢材与强化混凝土。美国建筑联盟会议召开的前一年，赖特就曾在《建筑师》(*The Architect*)杂志上发文，呼吁人们建造出符合时代潮流的建筑，这渐渐成了他不变的主题。他自己的作品也开始被崇拜他的编辑们刊登在专业期刊上。这些激进的活动并没有使他名望受损。他不仅被看成是一个声名日隆、想法新颖的年轻专家，而且被视为当时建筑文化的领袖，同时也是艺术品的鉴识家和赞助人。

1895年到1905年十年间，赖特家族的成员逐渐增多，他的两个儿子大卫与罗伯特于1895年和1903年相继出生，女儿芙兰西丝生于1898年。这三个孩子再加上前面的劳埃德、约翰和凯瑟琳，就是六个孩子的大家庭了。工作上，他建成了近四十幢住宅，完成了两个大工程——奥克帕克的联合教堂与纽约州水牛城的拉金公司管理大楼,又称拉金大厦。

即使赖特在此之后什么也不做,他这一时期的建筑作品也足以使他成为美国建筑史上的标志性人物。这些建筑作品的共同点在于它们设计的原创性,还有对比例与细节的准确把握。不仅如此,他的"草原风"住宅标志着家庭住房设计的革命性改变。赖特在《一部自传》中用浅显的语言详细解释了自己的理念,附带解构了美国已有的住宅设计。"拆掉阁楼!"他命令道,"去掉天窗!去掉天窗后面仆人居住的拥挤小屋!"(让仆人从阁楼中搬出来——仅此行为就足以成为社会改革的创新之举。)"拆掉地下室!"用两个宽大的烟囱代替多个高耸的烟囱。从第一层开始建房,以水泥或石质泄水台作为平面。停止在第二层筑墙,卧室改用连续的落地大窗,用宽阔的屋檐覆盖。让壁炉的炉床成为房子固定与统一的中心。

他强调将人作为尺度标准,把天花板和门降低到人的高度。(在今天看来这种做法会使房子显得非常低矮,但当时这一观点是针对高天花板的维多利亚式住宅所缺乏的家庭亲密感而言。)赖特以自己虚报的一米七四的身高为标尺,结果给个子高的屋主带来了麻烦。但他压根不为所动，完全无视他人抱怨。他将墙壁看成一道"屏风"，而不是"盒子的边界"，释放了空间，而不是去压缩空间。他把生活区变成一个通透的开放空间，这样一来功能无须分区，而是相互流动。他不再用"盒子套盒子形成房间"的形式。让空间绕着壁炉回旋，或是突出到外部景观之中——简化而非复杂化，把布局和背景设置成有机的自然整体。

建筑由此变得焕然一新——就像社会学、环境学和艺术学一样有了新的面貌。格兰特·曼森出版了一部研究赖特早期作品的重要著作《1910年前的弗兰克·劳埃德·赖特：第一个黄金时代》(*Frank Lloyd Wright to 1910: The First Golden Age*)。用他的话说，赖特的成就"激发了美国住宅的新方向"，"草原风"住宅"可繁可简"，既可成就"巍峨宫殿"，亦可用作"乡村寒舍"，建造时"可用经久耐磨的石材，也可用轻型结构材料，以石材、土砖、灰泥或木板为墙面，建于树林里或修剪整齐的草坪上"。房子内部相互联结，不同空间互相交叉，形成各种动态或静态的交叉点，"草原风"住宅与任何经典住宅一样结构匀称，制式美丽。批评家雷纳·班汉姆在1969年撰文称赖特是"美国迄今为止最伟大的建筑师，世界上自安德雷亚·帕拉弟奥①以来最好的私宅设计师"。

早在1900年，赖特就为B.哈里·布拉德利和沃伦·希考克斯设计了位于伊利诺伊州坎卡基市的住宅；1902年至1903年，他设计了位于高地公园的沃德·威利茨住宅。这几幢房子就采用了"草原风"。在此之前，他于1893年至1894年设计了位于河岸森林的威廉姆·温斯洛宅邸。这幢住宅有着狭长低矮的罗马砖基，其上是有图案的墙砖，斜脊屋顶。这是赖特最后一次在住宅设计中使用双悬窗。"停止在墙上打孔！"他命令道。此后，他也不再采用对称设计和中部入口的方式。该建筑的临街面显得正式且极为秀美，稍微隐蔽的侧面则承担着更细致的住宅功能。

然而，赖特以家庭为中心的壁炉和住宅设计方式被不断变幻的20世纪的社会现实残忍地撕裂了。他将先锋与回归相调和，导致了他落后于时代的立场，引起了后来他与欧洲现代主义之间的矛盾。他坚信爱默生主义，认为所有的艺术都应该融合自然，融入宗教与精神价值

---

① 安德雷亚·帕拉弟奥（Andrea Palladio，1508—1580），意大利建筑师，圣乔治-马焦雷教堂的设计者，是第一位将房屋设计系统化并运用古希腊罗马庙宇正面外观来设计门廊的建筑师，著有《建筑四书》。

观念，这种看法与赤裸裸的功能主义[①]美学和世界主义工业模式所宣扬的实用主义越来越不合拍。有些欧洲建筑师拜见了他，参观了他的作品：密斯·凡·德罗[②]在塔里辛受到了欢迎，但是勒·柯布西耶和沃尔特·格罗皮乌斯则因其颠覆赖特的建筑理念而被拒之门外。他总是公开地把他们作为敌人对待，从而更加凸显出自己与主流之间的隔阂。

赖特的技巧和名声迅速蹿升，他已经不再是那个建筑界的局外人了，不管他对建筑界的前辈或新手再做出如何的评论，他都已经在圈子中心了。他在芝加哥和奥克帕克的关系，促成了他被年轻、富有、具有艺术品位的知识分子客户所接受、追捧。他的工作室名声在外，而他自己也即将收到一个特别的橄榄枝。因为他的作品引起了丹尼尔·伯纳姆的注意。伯纳姆是芝加哥知名建筑师，指导1893年世界博览会"伟大白城"设计的灵魂人物。在与成功商人和艺术赞助人交往的过程中，他们

[①] 功能主义（functionalism）提倡在设计中注重产品的功能性与实用性，即任何设计都必须首先保障产品功能及其用途，其次才是产品的审美。

[②] 密斯·凡·德罗（Mies Van der Rohe, 1886—1969），德裔建筑师，最著名的现代主义建筑大师之一，与赖特、柯布西耶、格罗皮乌斯并称四大现代建筑大师。

得以相识。赖特夫妇应邀到两人共同的朋友爱德华·C.沃勒家中做客。显然,沃勒和伯纳姆都认为这个年轻人极具天赋,但是他的天资却受到了错误的向导。后来赖特在《一部自传》中记载了这次会面:晚饭后他在宾主的陪同下走向主人的书房,锁上门后,就着咖啡和雪茄,他们开始了一场秘密谈话。鉴于赖特没有接受过任何正式的建筑教育,伯纳姆主动提出将赖特送到巴黎美术学院学习三年建筑课程,然后再送往罗马美国学院进修两年,他本人将承担赖特在此期间的所有开销,并负责照看赖特的妻子和子女,并许诺待赖特学成归来后,将成为自己公司的合伙人。伯纳姆的条件极为优厚,同时也保证赖特能有光明的前途。

然而,赖特拒绝了这一提议!如果赖特纯粹是为了个人野心,那么他绝不会断然拒绝这次绝佳的机会。如果成功是赖特的唯一所求,那么他定会欣然接受伯纳姆的提议。如果他是为了表现自己的傲气,那么他也从未掩饰自己的自负。他对自己,对自己的工作,对自己的理想有着极强的信心。如果他真的像有人宣称的那样是一个纯粹的机会主义者,一个无原则的人,那么他的反应一定会昭示他的性格和未来的选择。其他任何一个年轻建筑师都会迫不及待地抓住这次机会，到巴黎和罗马最好的学校学习，成为美国最著名建筑公司的合伙人。赖特的正直是灵活多变的，会因机会和欲求而改变：只要是兴趣所在，他会为其寻找一切理由将其正当化，但这一次，他内心深处的信仰，他曾建构的一切都面临着考验。

要理解赖特此次决定的不易，我们需要深入了解伯纳姆在当时建筑界和社交界的巨大影响力。伯纳姆家财万贯，人脉广博，地位和资质更是无可指摘。他在芝加哥的工作室在规模、名气和业务量上与阿德勒和沙利文工作室不相上下，但他建立的公司影响力远远大于那个爱尔兰人和德国犹太人合作的公司。伯纳姆给赖特提供的条件完全是一个待遇优厚的闲差，一条跻身上流社会的飞黄腾达之路。赖特从此将可以摆脱债务，尽情购置必需的奢侈品，无须为生活而奔波。

赖特对自己拒绝此次优厚条件的解释是——沙利文已经将"学院派艺术"的形象破坏掉了，他因此认为伯纳姆所为之努力的古典传统是创造性的绊脚石。他的回复令这群重要而自信的人震惊得无以言表。赖特尝试着向他们解释说，他认为这不是通向美国最美丽、最有意义建筑的道路。"如果有丹尼尔·伯纳姆的支持,我就会变得有影响力,飞黄腾达,一帆风顺……"他后来写道,"……我觉得自己就像个忘恩负义之徒。我从来没有像当时那样痛恨内在的自我。但这一切真真正正地违背了我的理想……这就是成功吗?……我宁愿追求自由并因此付出失败的代价……我将按照自己开创的路走下去……我已经被自己的出生、训练和信念毁掉……我不能去,因为如果我去了,今后将无法面对自我。"

他珍惜自己作为一个富有创造力的圈外人的角色。他将失去自我,或者说失去那个他想象的自己——那个真实的或者他塑造出来的人物将因为换取了一个稳妥、舒适的职业而彻底消失,他提倡的这种新建筑将会被墨守成规的传统设计方式所取代,这不是他想看到的。因此,这个优厚的条件是一种他无法接受的浮士德[①]式的交易。尤为重要的是——尽管他没有说——他喜欢自导剧作,自做明星,他要坚持自己这种"真理抗衡世界"的英雄立场。他还提到自己直到很久以后才跟凯瑟琳提起伯纳姆的这次提议。

---

① 《浮士德》(*Faust*),歌德的代表作。主人公浮士德为了追求知识和权力,以出卖自己的灵魂为代价与魔鬼做交易。

此时，赖特已经开始熟练使用细木工、玻璃工以及雕刻工来落实他的设计。1902年至1904年，他受托于苏珊·劳伦斯·丹娜，在伊利诺伊州斯普林菲尔德建造了丹娜宅邸，这是一处建筑师必览的精美"胜地"。以此为开端，赖特连续受雇于多名思想新潮、高雅时髦、家资丰厚的女性，后者大都被赖特新颖的想法和富有说服力的个性所吸引。这些客户无一例外都有着自己的看法和品位，而赖特则更是以固执己见而名声在外，两者的合作自然不会顺风顺水。但是，赖特总是能够为所欲为，掌控全局。现今仍能找到一些进度照片显示丹娜的老房子———一幢高大、方正的意大利式别墅，本欲融入新的建筑中——是如何一步步被赖特设计的墙垣包围、吞噬并最终彻底拆除的。

丹娜宅邸在设计上采用普通玻璃窗，奥兰多·詹尼尼将其镶上带有铅质边框的彩色玻璃。詹尼尼是位技术高超的玻璃工，此后继续为赖特的其他工程制作出了造型复杂、图案精美的玻璃窗。赖特房屋的窗子被收藏家热捧，有些人甚至为了这些玻璃有意破坏他的房子，有些则专门将这些玻璃卸下来出售。室内陈设品在这段时期几乎卖出了天价。丹娜宅邸的窗户上有经过简化抽象的程式化野漆树图样。赖特经常使用花朵图案,他用程式化的蜀葵图样代表他在加利福尼亚州最著名的住宅之一——住宅的主人是前面提到的富有客户中一位要求苛刻的女性——艾琳·巴恩斯托。

丹娜宅邸的餐厅顶部是桶形穹窿,在穹窿的弧形天花板上满是彩绘的雕带,令人联想到奥克帕克的游戏室。内部木材采用橡树板材,木质色调从棕色到赤褐色,用金色和紫铜色点缀,显得温暖而沉静。陶器、地砖、家具、地毯和挂饰都力求与赖特的设计相适应,从而需要专门定做,桌、椅、台灯和配饰都是方形和直边。赖特固执地采用垂直直角家具,导致客户持续不断地抱怨,但大部分人最终适应了这种家具形式。赖特最信任的雕刻匠理查德·博克制作了一个雕像,将罗曼蒂克的情愫与微微的性感挑逗用程式化的方式表现出来,并取名为"墙缝里的花"——此名源自丁尼生的诗歌。后来雕像被搬到了塔里辛花园,许多学者都运用复杂的象征主义分析解读其隐含的意思。

这些有钱的雇主为赖特提供了资源、信心和自由,使得他能够掌控里里外外每个细节,甚至为女主人设计服装。他最钟爱的是一件高雅的茶会礼服。从照片上看,衣着考究的客户和他们的妻子，在赖特为他们设计或装饰的家中，在一堆树叶或悬挂着的日本版画旁摆出造型。这些照片很可能是从赖特那里购得的。当时，人们的社会地位仍然以装饰精美、金光闪闪、颜色深沉的住宅为象征。赖特设计的住宅虽然也使用了深色的木材和秋天的色彩，但却将一切浮华完全抛弃。尽管赖特这些设计得益于英国建筑师 C. F. A. 沃塞和埃德温·勒琴斯发起的家居革命，但它们本质上仍然是赖特精神的体现。后来屋主和社会风潮发生变化时，这些图片中的一部分被保留下来。位于明尼苏达州威扎格市的弗兰西斯·利托住宅被拆毁的时候，这幢房子的起居室被安放在纽约市大都会博物馆，在那里它以空荡荡的形式永久地保留着赖特作品的生命印迹。

坐落于纽约州水牛城的达尔文·D. 马丁宅邸，也是赖特为一个愿意而且能够赋予设计师自由的客户所建。达尔文·马丁和威廉姆·马丁兄弟都是成功的炉灶和鞋油生产商。他们成了赖特终生的客户和朋友，能够用情谊和耐心容忍赖特所有荒诞不经的行为和见异思迁的性情，也总会在赖特需要的时刻为他提供一笔资金。达尔文·马丁的住宅由一个长约一百英尺的绿廊与一间暖房相连，任何进入大厅入口的人都能看到一片花草植物形成的美丽景观。入口大厅的壁炉上部镶嵌着一丛紫藤形状的马赛克图样，熠熠发光，引人注目。包裹着铅边的窗扉上点缀着绿色、白色和金色，这些仍然是詹尼尼的杰作。两年后的1937年，达尔文·马丁离世，他的遗孀搬了出去，无人居住的房子被马丁的儿子达尔文·R.马丁由内到外毫无怜惜地搜刮一空。小马丁对房子，或者那个"流氓"赖特无任何好感。显然，他憎恨自己的父亲长期受制于艺术和财务。他将房子的装饰洗劫一空，将门、窗、雕像、灯具灯饰、电线等用于自己名下的其他房产中。在随后的十七年间，整座老宅大门洞开，不断遭到偷窃和抢劫，加上水牛城令人闻之色变的寒冬，房屋遭到了严重破坏。

1946年，这幢老宅被用作税款抵押移交给水牛城市政府，随后一个名义上的负责人被指派照管这里，而他只是继续对宅子进行破坏。1954年，建筑师塞巴斯蒂安·陶烈罗购买了这幢被弃置多年的房子，他按照20世纪50年代的样式对房子重新还原、装修，当作自己的家和办公室。陶烈罗爱这幢住宅，但他并不富有。为了凑够买房资金，他将这座二十间房的住宅的一部分改造为出租房，并将这片房产的一部分出售，目的是在这幢老宅后面修建公寓大楼，并且拆除了破损严重的绿廊和车库。这并非出于保存历史的目的而进行的修复，而是大胆地对这幢破损严重的住宅进行合乎时宜的、纯功利性的改造。陶烈罗的确挽救了这幢住宅。1965年他去世后，他的遗孀将住宅转手给水牛城纽约州立大学用作校长宅邸。该校校长马丁·梅耶森是赖特的仰慕者，他复原了房子的一部分。他的继任者从这里搬走后，房子状况进一步恶化，只有零零星星的抢救性修补。20世纪90年代以来，对这所房屋的结构研究和成本评估一直在持续，参议员丹尼尔·帕特里克·莫伊尼汗的偶尔来访彻底改变了它的命运。莫伊尼汗是个狂热的建筑爱好者。看到这幢建筑因为小偷小摸和年久失修而被迫关闭后，他极为吃惊，于是开始公开宣传，募集资金。经过建筑保护史上耗时最久、历尽艰辛的努力后，达尔文·马丁的住宅最终得以修复。

另外两栋建筑，其一是同样位于水牛城的拉金大厦，其二是位于奥克帕克的联合教堂，它们是赖特最好也最具原创性的作品。拉金大厦是为一个函购肥皂公司设计的。赖特经常说，设计一幢建筑应该"下笔即成"，似乎他一下子就想出了宏观的构图和具体的细节。赖特习惯在设计付诸笔端前先彻底思考一番，这样，他在绘制设计图时便能以令人吃惊的速度一气呵成。拉金大厦厚重的砖墙结构，与其他任何类似的商业建筑都迥然不同。从玻璃大门进去，看到的是坚实砖墙里面一片开阔又光亮的空间，给人以豁然开朗之感；内部是一个五层高的巨大、开阔的天井，四周是阳台，其上是天窗，更令人深感惊奇。为了保证空间的连续性，楼梯都被置于角楼之内，角楼与主楼之间则由细长的玻璃灯槽相连。巨石般的外部，直立的拱座和压制而成的水平地板层凸显着整个建筑的规模和构成。无装饰的飞檐和顶部雕饰的方柱则凸显出整个建筑宏伟的形制。齿状的铰接式空间，明显是受了奥地利建筑师约瑟夫·马里亚·奥尔布里希和奥托·瓦格纳的影响。赖特通过阅读他们发表的作品，对他们非常熟悉，并深为敬仰。

时至今日，拉金大厦宏大的概念和极富自信的创意，仍然令人震惊不已。赖特凸显了建筑的多个"现代"特征：早期的空气调节系统，特殊的照明，金属文件箱，造型大胆新颖的办公家具。这个设计可谓构思巧妙，建筑实施也很好地执行了设计理念，对于一个函购公司而言，这是一种超乎寻常的结构。有人怀疑这样一个巨大开阔的空间，安装一些金属办公装置很可能会显得很吵。填写邮件订单仍然有可能成为一项相对安静的工作，变成人为发出的柔和背景音乐，随之再变成温柔的低语。但无论实际怎样，这些考量在当时根本没有影响赖特的决定。一张当时拍摄的内部工作照片显示，公司的女职员身着长裙和吉布森衬衫，梳着高卷式发型。整个建筑既给人以传统的感觉，又显现出未来的气息，就像怀旧版的《星球大战》。

拉金大厦立即引来了世界瞩目，它被印成图片或写入文章，广泛地出现在当时的建筑杂志上，在其他国家也受人追捧，被人研究。一群隶属于不断发展的现代主义风格的建筑师开始相互交流。作为交流的一部分，英国的 C. R. 阿什比和荷兰的亨德里克·贝拉赫亲自前来参观了拉金大厦。这幢大厦在美国的受欢迎程度相对较弱。著名建筑批评家罗塞尔·斯图吉斯由于不喜欢它赤裸裸的宏伟而称其丑陋，附和者甚众。建筑停止使用后被空置了许多年，最后于 1950 年被水牛城市政府拆毁，这种破坏行为后来被公认为是对艺术品的毁坏。

与任何时间、任何地方非传统的、革命性的建筑遭受的命运一样，联合教堂也因其异乎寻常的构造而一拖再拖。限于预算，这幢受奥克帕克一位论教众委托而建造的教堂不能使用昂贵的石料，于是赖特决定使用现浇钢筋混凝土。这种新的实验性材料已经被建筑师阿尔贝特·卡恩用于修建底特律的汽车生产厂，工程师欧内斯特·L.兰塞姆则将其用于加州的工业建筑。像往常一样，赖特为其巨大的建筑可能性和适用性所吸引：这种材料可能建构出的前所未有的巨大建筑，同时适用于形成他喜欢的几何结构。与建造拉金大厦一样，他迅速而全面地构想出设计图。整个教堂分成两个区：一个方形区用作礼堂，与礼堂外部的方柱共同营造出巨大的空间；与此相连的是一个八角形的牧师住宅区，被赖特描述成一个"享受时光的地方"。低调从来不是赖特的风格，在大肆渲染的漫长演示中，他经常会用抒情诗般的描述，给出过多不切实际的允诺，以此掩盖他更为严肃的意图。

看似简单的方形区实际并非如此——这里其实是一个方形中嵌有希腊十字的形状，座位和人员走动的通道分布在几个层面上。对赖特而言，方形总具有某种象征意义，甚至是神秘意义。就像"恩物"放在一起的样子，方形空间的高度不一，最高的天窗突出于中心十字和礼堂之上。其他天花板高度逐次递减，覆盖在十字的两臂之上，在那儿——坚实的墙壁上是由壁柱形成的正面，其上镶嵌着长窗，以便从多个侧面采光。粗糙的混凝土墙壁上有雨水侵蚀的痕迹，如今因绿色的爬藤而变得柔和。但是建筑的内部一如往常：长条木板铺就的墙壁，赖特式的内饰，巧妙的模块组合——这一切营造出一种工于心计的平静祥和。有人指责赖特是故意做出这样的设计，不管他的真实意图是什么。从某种意义上说，这是对的，所有的建筑师都会根据眼前的问题调整他们的最佳设想，他们都有自己钟爱的概念，乐于对此进行探索、重复和修正。正如他所预想的那样，方形入口处丰富宽阔的层级式空间提供了"一个神圣的膜拜之所"。不仅如此，这里还体现了上帝与人的和谐——一种无须任何传统宗教形式或象征形式的人类概念，以表达信众们要求的理想。

坐落于芝加哥海德公园的罗比住宅被公认为是赖特"草原风"住宅的经典之作。这幢住宅建于1908年至1910年间，雇主是弗雷德里克·C.罗比。罗比是一个自行车生产商和汽车零部件供应商，更是早期的汽车迷之一。在这方面他与赖特有着共同之处，后者在此时早已开始订购定制汽车了。1906年，罗比年仅三十岁，他对自己究竟想要什么样的住宅尚不十分明确。带着一些手绘图纸和模糊想法，他四处寻找合适的建筑商和设计师。五十年后，在一次采访中，他回忆起当时所有与他会谈过的承包商和建筑师都说了同样的话："我知道你想要什么！就是那个该死的赖特设计的房子！"

建筑学家约瑟夫·康诺思用生动的笔触细致地描写了房子的设计与建造。环绕在一片19世纪传统样式的住宅中，罗比的住宅被写成"看起来压根不像个房子。它没有临街的正面，没有门，甚至没有实在的墙壁，那个东西看起来就像是用巨大的积木搭造而成，只有悬挑的屋顶和无尽的带状窗户"。人们所能看到的是"阳台与屋顶交错的景象，似乎它们都在向着彼此的方向倾倒，马上就要撞在一起"。

砖石筑成的三层主体结构包含着宽阔、连续的开放空间——用作起居室、餐厅和书房。不同的功能区之间只用一个在地板上下陷的壁炉连接，赖特称此为"单一式房间"。长长的前部阳台、齐腰高的窗户、玻璃门以及悬挑的屋顶都突显出住宅的水平延伸。入口置于底层，但不是在临街的一面，而是处于背面。一层是台球室（赖特似乎认为每个人都应该有间台球室）和儿童的游戏房，一段楼梯通向二楼的起居室。客房、厨房和仆人的房间被藏在建筑主体背后的一翼。主卧在三楼，正处于水平的悬挑屋檐之下。

弗雷德里克·罗比在此仅住了两年，此后发生婚变，生意没落。这座住宅在芝加哥大学政策多变的监管之下，侥幸存留了下来，但其地标式建筑的地位是确定的。研究赖特的学者尼尔·莱文称其为赖特"草原风"住宅"最精美、最典型和最令人信服的表达"——托马斯·S.海恩斯认为这种赞誉同样适用于1906年至1909年间建造的康恩利住宅。这幢私宅坐落于伊利诺伊州里弗赛德，是赖特建造的最后一幢住宅，此后他放弃了自己在奥克帕克的事业，将房子在竣工前就移交给了他人，转而坚定不移地翻开了自己绯闻漫天的后半生的第一章。

赖特的婚姻与事业并重，相互关联的安排方式曾经被他视为一种乌托邦式的生活，后来却演变成一种家庭和职业责任共同组成的高压锅。他要为员工提供食物和薪水。他的孩子们一个个固执、任性，总是碍手碍脚。凯瑟琳按照福禄贝尔的原则开办了一所幼儿园，带来了更多的孩子，也带来了更多的麻烦。债主们或亲自上门，或邮件催款。他的耐心和脾气一点点被消磨，夫妻之间频繁争吵，日益疏远。孩子们——尤其是劳埃德——总是站在母亲的一边，就像当年父母离婚时赖特自己的做法一样。赖特敏锐地意识到自己缺少为人父母的本能，更清楚自己不是个尽职尽责的顾家男人。他从没有设想过自己要如何承担父亲的角色，他在回忆录中坦承，自己非常痛恨听见孩子喊叫"爸爸"的声音。他们都如此年轻，他后来写道，他觉得好像他们（包括赖特自己）都还是孩子。如果他有时间，他更像是一个开心、好玩的舅舅。经历了一长串"我的错！""我道歉！"之后，赖特终于战胜了自己的内疚和悔恨。他在《一部自传》中坦承，他以工作为妻，以建筑为子女，这与其说是一种忏悔，不如说是他认同的一种事实。"建筑师的角色掩盖了作为父亲的角色"，他如此写道，而这种理由在他的心中，显然已经足够充分。

渐渐地，压力变得愈加不可忍受，让他无法工作。他给达尔文·马丁写信说自己已经失去了惯有的精力和乐观，难以按照自己承诺的那样绘制设计图了。这已经不再是他惯常经历的那种充满魅力的小罪恶了；他陷入深深的抑郁中。他的生活一直都处在摇摆不定之中，而今已经完全失控。作为一名成功的建筑师，他过着富足的城市生活，他的朋友和客户在自己的社区中也都是最时尚、最富有的一群人。对其他任何人而言，这一切已经足够了。但是对于赖特而言，这一切正在分崩离析；家庭生活和财务问题使他不堪重负，那种他追求终生、终于获得的生活方式即将坍塌。那是1909年——按照他自己的说法，他还不足四十岁，实际上他已经四十二岁了——他正在经历一场巨大的中年危机。由于无法应对所有的责任，他即将破天荒地做出令人震惊的行动。"因为我不知道自己想要什么，"他后来在《一部自传》中写道，"所以我想逃避。"

其实，他曾经一度知道自己想要什么。他想要出国，想要亲眼看看那些他仰慕的欧洲建筑，想要去那些正在发生着激动人心的变化的城市和国家游览一番。最重要的是，他想要摆脱自己的生活，想要躲避，想要离开这里。1909年秋，他突然离开，断绝了一切联系。他丢下了妻子、六个子女，关掉了自己的工作室，留下了一堆债务和未完成的工程。在他未支付的账单中，有一笔出人意料地多，接近九百美元，是杂物支出的款项。赖特的儿子劳埃德永远难以忘记这一笔账单，更令他震惊的是，他在毫无准备的情况下突然被母亲指定为一家之主。

赖特曾经尝试把自己手头的工作移交给工作室的同伴，未果；于是转而将其移交给一个几乎完全陌生的芝加哥建筑师赫尔曼·冯·霍尔斯特。此人既无兴趣也无能力落实赖特式的设计。部分项目最终被玛丽安·玛荷妮接手。玛荷妮是麻省理工学院建筑专业最早的女毕业生之一，深受工作室器重。她娴熟地运用日本风格改造了赖特的住宅，将其从混乱的边缘带回秩序与平静。在临走之前的匆忙与慌乱之中，赖特偷偷卖掉了自己收藏的日本版画，借了一笔钱，然后启程去了欧洲，对外则解释说，德国出版商恩斯特·瓦斯穆特准备出版他的《赖特作品精选集》，需要他立即赶赴柏林定夺相关事宜。这或许是个最合时宜的借口。不过，他离开时并非孤身一人，而是带着梅玛·波斯维克·切尼——埃德温·切尼的妻子。五年前，赖特曾经为这对夫妻建造住宅，而今她抛弃丈夫和两个孩子，决定与赖特私奔。

婚外情是治愈中年危机的良药。在这样一位迷人且有教养的女性的关照与爱慕下，赖特无疑找到了某种慰藉和快乐。他们之间的暧昧关系始于赖特接手切尼住宅的建造工程之时，当时赖特的婚姻状况已经岌岌可危。梅玛·切尼大学毕业，婚前曾担任过图书管理员。她会说法语和德语，是瑞典女性主义者艾伦·凯伊的追随者——凯伊的著作当时在芝加哥知识界流传甚广。凯瑟琳埋头于孩子和这个渴求财富却又不名一文的家庭。赖特娶的这个女孩刚刚高中毕业，根本没有时间和精力去努力跟上赖特迅速拓宽的眼界。有人开玩笑说，她为赖特生了太多的孩子，赖特甚至没办法在很短的时间内认出他们哪个是哪个。为了他们共同的文化圈身份，她也曾参与过文学团体和社会事业，但是她与赖特在共同兴趣方面似乎缺乏同样的知识水平和深度。晚年的她成为一名社工，但她从未从事过与艺术相关的职业。两人的关注点不同，隔阂也深，最终不可避免地蜷缩进彼此敌对的世界中。赖特和梅玛·切尼几乎没有试图掩盖他们之间的暧昧关系，凯瑟琳与埃德温·切尼也知道。两人私奔的消息登上小报时，他们之间的绯闻霎时尽人皆知。

有消息称一名大胆的记者发现一个名为弗兰克·劳埃德·赖特的人和妻子在柏林阿德隆饭店登记住宿。无论是被人告知还是纯粹好奇，该记者的发现变成了芝加哥和城郊所有报纸的头条。建筑师这个身份是个很好的噱头。1906年,斯坦福德·怀特[①]被哈里·K.陶枪杀于他的情人伊芙琳·内斯比特的床上,整个故事被报界长期追踪,大肆渲染。报纸专栏对赖特异乎寻常的行径做了令人愤怒又耸人听闻的评论。他与人私奔,抛弃家庭——这一切引发了有关他道德人格的长篇激烈评论。牧师谴责他,称他为一个"罪人"。一个被社会遗弃的人。赖特对穿在自己身上的耻辱外衣毫不在意,在后来的生活中,他也丝毫没有收敛;他慢慢接受了这样的身份,甚至最终开始喜欢上这个身份。他为自己的行为寻找借口,使自己心安理得地过着这种非传统的生活。他曾经反反复复、不知疲倦地解释说,道德是由旁观者来定义的,而在他的心中,他赋予了道德更高层次的意义。他引用艾伦·凯伊的话说,婚姻"不是枷锁",不应该隐瞒个人真实的感受;如果要在个人自由和婚姻枷锁之间做出选择,应该选择自由。当然,错不在他;罪魁祸首是虚伪的社会态度;换言之,通奸是用"真理抗衡世界"。

自此以后,历史学家和传记作家对赖特出走的原因做了种种推测。回头来看,一切似乎非常明了:婚姻破

[①] 斯坦福德·怀特(Stanford White,1853—1906),美国建筑师,麦金、米德和怀特公司的创始人之一。

裂，一堆令人分心、麻烦不断的孩子——他曾写到孩子们再三打断他的工作，各种各样的东西不断被打碎——他对孩子们感情有限，在令人窒息的家庭工作室中超负荷地工作，加之财务状况日益恶化，压力与疲倦令他无法恰当应对愈来愈多不可控的事。除了这些不幸，在更深层次上，令他越加不安的是：他觉得自己的创造力已经枯竭，在住宅建筑上已经无法突破现有的自我。他需要寻找一种继续前行的方式。唯独这样，才能将笼罩在职业生涯上的死亡阴影驱赶开来，让阴霾烟消云散。离去，是他最后的孤注一掷。

来访赖特工作室的客人名单中，古诺·佛朗科无疑是最为耀眼的之一。他是哈佛大学德国文化史专业教授，曾明确告诉赖特必须去欧洲访问，尤其要去德国——只要赖特想成为新兴的国际主义建筑师的一员。赖特以自己一贯的方式说，佛朗科告诉他欧洲是他施展才华的最佳去处，而美国不是。促使他不满、最终出走的催化剂是他与瓦斯穆特的合约——赖特知道出版作品精选集对他事业的重要程度。艺术家的自私与野心超越了通常意义上对家庭、员工和客户的义务。于他而言，恢复创造力，使自己的工作和成就达到更高的层次比责任更为重要，后者较之前者，其实完全可以丢弃不顾。

赖特出走之前，家里和工作室的压力已经非常令他泄气。一名助手记得，有一次，亨利·福特[①]由自己的儿子埃德塞尔——他知道赖特的大名——引荐到他的工作室，讨论为这位新晋百万富翁设计住宅。然而赖特没能像往常那样用自己的魅力和热情说服福特。这次失败令赖特郁郁寡欢。虽然房子最后由赖特颇具天赋的副手玛丽安·玛荷妮设计了出来，但是福特并没有动工修建。

压垮赖特的最后一根稻草来自一项即将完成的设计项目。项目的目标客户是哈罗德·F.麦考密克——芝加哥农业机械公司的继承人，还有他的妻子艾迪斯——约翰·D.洛克菲勒的女儿。赖特当时正在完善最后的背景图，艾迪斯·麦考密克拒绝了他的计划。如果麦考密克的项目得以实施，那就标志着赖特本人和他的职业才能被芝加哥上流社会所接受，这也是他梦寐以求的。尤其令赖特感到难堪的是，艾迪斯·麦考密克转而属意于查尔斯·普拉特——一个纽约建筑师，他的专长是为东部地区的富人阶层设计古典式样的别墅。这类风格与接受

[①] 亨利·福特（Henry Ford，1863—1947），美国汽车工程师与企业家，福特汽车公司的建立者。

这一套的客户恰恰是赖特公开鄙视的对象。如果换个时间，赖特的失望也许不会持续多久，就会开始其他项目。但在当时的情形下，这却是致命一击。

显然，赖特的生活和事业已经处于一种危险且不堪一击的高原状态。"草原风"所取得的成就已经过去，许多人开始效仿这种风格；一个成功的"草原风"流派在他周围壮大，但是这群年轻的后继者们却不愿接受，或者说不希望他去领导或树立范本。他交友甚众，但树敌也不少。由于专注自我，专注个人发展和艺术选择，艺术家往往容易将一切排除在外；资质平常，过着平凡生活的人们则认为这是一种不可原谅的自私。赖特有着非比寻常的天分和自恋情结。在任何情况下，他都可能会随着自己的本能，走自己的路。但难以忍受的状况刺激他采取了另一种做法。他又爱上了另一个女人——走向另外一种人生的典型方式。1909年，他将酝酿已久的想法付诸实践：他决意丢掉一切，他要抛弃二十年的工作与婚姻。他后来在《一部自传》中将这一年称为"穷途末路"。

第六章

这次私奔既不是出于纯粹的浪漫激情——尽管赖特向凯瑟琳提出过离婚要求,而且公开宣称将在梅玛自由后(她丈夫迅速而低调地办理了所有的法律程序)与她结婚——也不像报纸上幸灾乐祸、桃色渲染的那样是出于罪恶的情欲,更不像有些人猜测的那样源自他对夸张效果本能的追求。这次私奔一方面是由于他私人生活的危机,另一方面更是因为他将艺术家和建筑师的身份摆在首要位置,而且固执地追求着自己的潜力。

赖特从未试图掩饰过两人之间的私情,切尼夫人与他私奔自然也是意料之中的事。他乐于处在女人堆里,身边也从不缺女人陪伴。他最喜欢的事情之一——也是奥克帕克的邻居们最厌恶的事情之一——就是驾着自己样式新潮的汽车陪着客户的妻子兜风。传记作家罗伯特·通布利转引赖特的一个朋友在信中的话,"他是女人的受害者","她们占用了他太多的时间"。他轻而易举而且明显是自愿地受她们摆布;他选择的女人,或者说多数选择他的女人都很精明,都有着自己的算计。他则乐于让她们掌管自己的生活,控制着生活中他自己不愿掌控的那部分。结果,她们自然会涉入他生活的其他部分。赖特与梅玛离开奥克帕克之际,给他们身边人的生活与感情造成了混乱。芝加哥一家报纸将此事添油加醋地渲染成比多数桃色新闻更为复杂的"感情纠葛"。终其一生,赖特其实都在挑起这种感情纠葛。

梅玛——小时候取名玛莎,但一直被叫作梅玛——在大部分关于赖特的传记中,关于她的信息都较为模糊。印出来的她的照片都不如她本人,而且不同来源的照片之间几乎没有任何相似之处。但是在泰勒·伍利的记忆中,她是自己认识的女性中最可爱的一位。伍利是位制图员,他在意大利期间曾与这对夫妇共住一栋别墅,也正是在这个别墅中,瓦斯穆特的《赖特作品精选集》得以完成。梅玛三十岁时与埃德温·切尼结婚,当时切尼是个受人欢迎的芝加哥商人。那个时代的女性,无论聪明还是漂亮,到三十岁都是一个令人担忧的年龄。她是在他第三次求婚时才答应的,这说明他们的结合并非出于一时冲动。

她有自己的兴趣爱好,生活不像凯瑟琳那样一直围着孩子转。赖特在这个以孩子为中心的家庭中不堪重负,心生隔阂,对他而言,梅玛的吸引力既源自肉体也源自精神。她秉持的理念为赖特所仰慕;她和艾伦·凯伊一样,宣称人人都应该选择一个"与自己心灵契合的伴侣",赖特对此也笃信不移。毫无疑问,赖特从梅玛那里借用了凯伊的观点,他宣称自己与梅玛是"心灵伴侣",他们之间的"理想爱情"超越了社会道德评判的标准。赖特用他一贯的灵活性,将自己的不忠抬升到了无可指摘的道德高地。

赖特的女人总给他带来知识和情感的源泉。人们感到他在吸收她们的价值观念时抱着宽容的心态,而非痴迷。他的最后一任妻子奥尔加瓦娜——两人之间的婚姻持续时间最长,关系也最为稳固——是乔治·葛吉夫[①]的信徒。他的理念和做法影响了赖特于20世纪30年代成立的塔里辛学徒会,就像凯伊的信仰影响了他和梅玛的关系一样。

梅玛是个愿意为自己的理想采取行动的女人。她有足够的决心或足够的痴情,而且肯定也有充分的冒险精神,进而能够安排自己到科罗拉多州的朋友家会面,然后再秘密地离开纽约,和赖特一道远航欧洲。同时,她通知丈夫到科罗拉多去接孩子,而对自己的出走计划只字未提。他到达时,她已经走了。事后她声称,如果她

[①] 葛吉夫(G. I. Gurdjieff, 1866—1949), 20世纪初颇具影响力的俄国神秘主义者、哲学家、灵性导师,于1922年在法国创立"人类和谐发展机构"。

妹妹没有答应来奥克帕克照顾孩子,她是不会丢下他们的,虽然目前尚不清楚这是在她走之前还是之后才做出的安排。

大约一个世纪之后,人们才在她写给艾伦·凯伊的信中了解到她滞留欧洲以及返回美国后的生活。这些信件是历史学家爱丽丝·T.弗里德曼于 2002 年在瑞典皇家图书馆发现的。从这些信件中可知,梅玛和赖特在一起时曾到瑞典拜访凯伊,被凯伊称为自己的"美国女儿"。当时,她做了一些安排,开始正式担任凯伊作品的英译者。起初她从德语版本转译,后来开始学习瑞典语,以获得凯伊著作《爱与伦理》(*Love and Ethics*)的专属翻译出版权。在她写给自己导师的信中,梅玛将自己内心的情感冲突、遵从凯伊的原则生活时所需要的支持与肯定,都一股脑儿倾泻而出。时值 1909 年,离女性解放尚有半个世纪之遥,此时的女性选举运动也仅仅让四个州的女性获得了选举权;即使最激进的女性也仅仅是开始除掉紧身胸衣、露出脚踝而已;剪短头发和穿上超短裙是几十年之后的事情。通奸是严重的道德犯罪,一个女性如果抛弃了孩子,她将永远不会再被上流社会接纳。但是梅玛毫不迟疑,忠心耿耿地跟随着凯伊;同时,她也因怀疑和情感纠结而再三自责。后来，因为凯伊对版税的怀疑，以及在安排翻译版权时的频繁变更，她和凯伊之间产生了一系列商业和合同问题。

在欧洲时，梅玛大部分时间并未和赖特在一起。他们在柏林和巴黎共同度过了一段时光，然后就分开了。她因擅长法语和德语，得以在莱比锡大学觅得教职，教授德国学生语言。赖特则租住在佛罗伦萨，开始着手作品精选集的事务。赖特的大儿子劳埃德和从工作室来的泰勒·伍利陪在他左右，协助赖特按照相同的比例重新绘制建筑图。当时，劳埃德已经十九岁，也已成长为一名出色的绘图员了。赖特离开美国时曾要求劳埃德从威斯康星州立大学辍学去帮助他，理由是欧洲之行带给他的比大学学位更有价值。

他们三人在狭小的福尔图娜别墅一楼的起居室里支起画板。寒冬渐深，三人将冻僵的手放在木炭炉边取暖，并按照出版社的要求，在薄薄的描图纸上用墨水绘制复制品。赖特偶尔会去德国旅游，目的是到柏林会见出版商，再到莱比锡与梅玛见面。1910年春，大部分工作都已完成，赖特搬到了菲耶索莱。劳埃德和泰勒·伍利启程去欧洲旅行，赖特为他们支付了所有费用，这些都源自他日渐匮乏的资金。梅玛与他见了面，像赖特所说的那样，在"爱与反叛"中会合。两人的会面地点在菲耶索莱的丽城小屋（Villino Belvedere），"维亚威尔第[①]山上一座乳白色的小别墅"。白天这对情侣在鲜花遍布的山间漫步，夜晚他们在月光下的松林间听夜莺歌唱。他们回到自己的"圣殿"时，有熊熊的炉火，或是搭着白色餐布、摆设精当的小桌，安放在四周满是黄玫瑰的花园之中。奥克帕克镇、被抛弃的妻子、六个孩子吵闹不休的晚餐，一切都似乎与这种精美而浪漫亲密的场景相隔甚远。他们四处旅行，参观博物馆，逛美术馆与教堂，直到被纪念碑、油画和雕塑的美所"浸透"。在菲耶索莱时，梅玛就着手把凯伊的著作译成英语，赖特在旁协助或提供建议。1912年在美国授权出版的《爱与伦理》封面上署有这两位灵魂伴侣的名字：梅玛·博顿·波斯维克（她在离婚后就改回了父姓）和弗兰克·劳埃德·赖特。

赖特在《一部自传》中用诗意的笔调记下了那个夏日的欢愉。但这次短暂的旅行并非完全是诗情画意的浪漫，他时不时便会陷入强烈的孤独与抑郁之中。他记下

[①] 维亚威尔第（Via Verde），今为意大利的蒙特切塞里（Monte Ceceri），是托斯卡纳菲耶索莱附近的一座小山。

了自己1月在巴黎一家咖啡馆度过的下午。那是一个阴雨天,他正听着乐师演奏西莫内蒂的《牧歌》,这首曲子劳埃德在家庭音乐会上,曾经在赖特的钢琴伴奏下用大提琴演奏过。"熟悉的旋律令我一时间痛苦不已,我愿意放弃自己曾经拥有的生活去重温那旧时的紧张,"他回忆道,"记忆中的音乐带着鲜有人知的渴望与悲伤,驱使着我从咖啡屋中离开,走上巴黎昏黄的街头……我四处游荡,不知道自己该走向何方,亦不知自己游荡了多久……"但"这不是忏悔,"他很快补充道,"这只是我因为无法实现自己向往的理想生活而心生绝望。"不是忏悔,不是内疚,也不是为自己或他人痛苦;像往常一样,他又一次成功地说服自己,相信他唯一的错误就是目标太过远大,以致无法实现。

赖特对事情的陈述,与其说是在掩盖自己的错误,倒不如说是为了一心一意追求艺术目标,为了他对建筑设计的病态痴迷。那些改变艺术进程的人,会用一切手段令世人相信,艺术需要一些出乎意料、无法理解,也几乎无所用益的事物。艺术成就在很大程度上是意志力的实现,它几乎很少与性格有关。致力于揭露和谴责艺术家行为和失误判断的批评家和作者里里外外地检视自己,只为了将个人道德与艺术作品分开看待。最后,只有艺术永存。

赖特豪情万丈地为自己辩解,他以自己和梅玛(与他后期的其他情人不同,梅玛一直谨慎地处在故事的背景中)的名义发表各种大胆言论,宣称他们为个人和艺术自由而牺牲了一切。这一切只能让那些他们尽力"启迪"的人更为震怒。在奥克帕克,凯瑟琳和牧师一起发表声明,她宣称相信自己的丈夫,相信他有一天会浪子回头。她的身后是一群冷酷无情、刨根问底的记者——他们不知疲倦地追寻着新的丑闻和各种肮脏的细节。她则四处传播自己的乐观与信心,宣称自己的丈夫正在与内心的魔鬼战斗——与附在他身上的"吸血鬼"扭打;她知道他终将胜利。她坚称自己不会离婚,不会与丈夫分离;他会做出正确的选择,她和孩子将会等着他回家,他们会像以前一样一家团圆。显然,她坚持要相信自己对事情的解释。直到十多年后,她才决定离婚,还赖特自由之身。

对于赖特而言,此次旅行有一个更大的目的;他要处理一些重要的事务。两份作品精选集待版:两卷本的大部头《赖特建筑与设计》(*Ausgeführte Bauten und Entwürfe von Frank Lloyd Wright*），以及一本以图片与设计图为主的小书《弗兰克·劳埃德·赖特：已完成的项目》（*Frank Lloyd Wright：Ausgeführte Bauten*），其中有英国建筑师C.R.阿什比作的序言，赖特称其为《特辑》。他决定从瓦斯穆特处回购这些书，并且将离开之前四处募集的一部分资金用于支付购书费用。像往常一样，弗兰西斯·利托——一个颇具同情心的客户，出手相助，以赖特的部分日本版画作为抵押品，借给他一万美元，帮他填补了资金空缺。赖特后来以邮购的方式自己售书。

但是比起利润，赖特更希望以书奠定自己的地位——成为美国新派建筑的先知和主要开创者。这些出版作品意图说明"一种纯粹的艺术"，将成为"一个纯粹社会的表达工具"——他的建筑将会被视为不断演进的美国精神之代表。他对自己的使命确信不疑，毕竟，他的身上流淌着牧师的血液。他坚持的是"保守主义事业"——家庭、壁炉和住宅等传统价值观念为基础的建筑革命。然而，他自己的私生活则公然违背这些价值观，但这并没有否定他自己头脑中的前提，或者那些用以传达这些观念的物质或精神载体。他完全没有按照自己的"理想"标准生活。

从1909年9月到1910年10月，他一直在欧洲游览。这一时期以及返回美国后的一段时间，通常被称为赖特"鲜有记载的年代"。相比于此前几十年的疯狂行为，这段时间就像一个黑洞，似乎什么也没有发生。学者们坚持不懈地挖掘，发现在国外的时期是赖特一生中最富有成果的时期。他吸收了自己看到的一切——城市与风景，宏伟壮观的历史遗迹与简陋朴素的地方建筑，过去的伟大艺术旧址与方兴未艾的现代主义建筑——这些建筑无不用激动人心的创新方式指向未来。后来，赖特开启了一个新的探索与创造时期，这一切都被他运用其中。他此前创造力的缺乏与厌倦迷茫之感均一扫而光。

安东尼·阿洛夫辛在《迷失的时光——1910—1922年的弗兰克·劳埃德·赖特》一书中用精彩的笔调回顾了赖特的这一时期，并说明了这一时期的意义——他对赖特此前未被记载的活动做了事无巨细的记录和分析。这本书的副标题为"影响的研究"，既描述了贯通大西洋的双向文化流通，也说明了赖特在这次至关重要的观点交流中所扮演的角色。阿洛夫辛由此推翻了赖特精心编造的自我孤立和创造的情节。

与其他任何曾经游览过欧洲的建筑师一样，赖特贪婪地汲取欧洲的宝贵财富。他游柏林，观维也纳，看伦敦，两次去巴黎。他会到乡间游玩，亦曾去过小城市观光。他像朝圣者一样去觐见那些只在出版物上见过的新建筑，比如奥尔布里希式建筑，此前他就在1904年的圣路易斯博览会上饶有兴致地仔细复制研究过。他在维也纳的奥尔布里希分离派艺术展馆待了一段时间，然后专程前往达姆施塔特，更为深入地感受这位建筑师赏心悦目的建筑风格。他敬慕奥托·瓦格纳设计的邮政储蓄大厦。这幢几年前竣工的建筑巧妙地改革了古典的传统风格。他研究了亨德里克·贝拉赫于1890年前后在阿姆斯特丹主持建造的颇为引人注目的证券交易中心大厦，而且他很可能也知道贝拉赫深奥晦涩的几何设计理论。

毫无疑问，赖特也去过德意志工艺联盟的展厅，展厅两年前（1907年）在柏林开设。他也曾到访维也纳工作坊——那里随时会展出最新设计的家具和手工艺品；他还见到了工作坊的创始人约瑟夫·霍夫曼。早在1900年，分离派展览已经包括了德国和奥地利最新的产品、苏格兰设计师查尔斯·伦尼·麦金托什[①]的作品，以及比利时

[①] 查尔斯·伦尼·麦金托什（Charles Rennie Mackintosh，1868—1928），苏格兰建筑师、家具设计师和画家，工艺美术运动的巨匠之一。

建筑师亨利·凡·德·费尔德①的巴黎现代之家的室内图。当时,学院派正遭受攻击,反叛与革新大行其道。新艺术运动②之后,一种更为抽象的几何式风格开始出现。赖特也发现,这些新艺术以"未被破坏的视野"接纳了传统和本土文化,是应对西方传统风格的灵丹妙药。

赖特获得了古斯塔夫·克里木特③的一幅油画和一些木版画,画面上色彩多样、饰有宝石的图案一定为他所喜爱。他发现了弗朗兹·麦兹内尔④的雕刻。麦兹内尔是"程式化"的支持者,在这种手法中人类的身体被视为一个由各种"程式"构成的系统,或者说一系列简化、抽象的形状。赖特后期借用了这种理论,将其用于他个人对图形和自然形状的抽象化处理。很少有设计书被他公开提及,其中一本是欧文·琼斯⑤的《装饰图鉴》(Grammar

---

① 亨利·凡·德·费尔德(Henri Van de Velde, 1863—1957),比利时建筑师和设计师。
② 新艺术运动(art nouveau)是19世纪末20世纪初在欧洲和美国兴起并发展的一次影响面相当广的"装饰艺术"运动。新艺术运动主张艺术家从事产品设计,以此实现技术与艺术的统一。
③ 古斯塔夫·克里木特(Gustav Klimt, 1862—1918),维也纳画家,"维也纳分离学派"创始人。
④ 弗朗兹·麦兹内尔(Franz Metzner, 1870—1919),德国著名雕刻家。
⑤ 欧文·琼斯(Owen Jones, 1809—1874),英国建筑师和设计师,现代设计理论的先驱。

of Ornaments）——一本关于建筑装饰的历史书，书中突出了综合所有风格的隐含几何原理。这一切新知识都推动他从自然主义走向抽象主义——一种他用自己的方式调和的二元对立。赖特四处宣扬的一个神话是自己在国外名气极大，大到德国新现代主义的领军人物皮特·贝伦斯[①]和沃尔特·格罗皮乌斯都深受他作品的影响。但事实上，1911年他的作品精选集与专著出版之后，赖特建筑的细节才被那些没有机会去芝加哥目睹其作品的人所了解。

其实，欧洲之行对赖特而言更是一次学习之旅。大多数人都知道作家会把自己的经历融入艺术创作之中，但很少有人知道，建筑师其实也用近乎同样的方式处理自己看到的图像。与作家对生活素材重新加工、化为叙事不同，建筑师更关心物质世界里万物的外形和本质，以及如何将它们转化成建筑形式。赖特学到的一切都将被融入创造过程之中，推动建筑艺术前进，创造并改变建筑作为生活和地点界定因素的体验方式。这种转化绝对是他成为天才的基础。他毫不犹豫地用"天才"一

---

① 皮特·贝伦斯（Peter Behrens，1868—1940），德国建筑师，现代主义最具影响力的先驱人物之一。

词来形容自己,通常还会在前面加一个定语——"被误解的"。

赖特称此次欧洲之旅为"精神大逃亡"和"自我流放"。虽然逃离和自新在他的心中占据着核心地位,他仍然在这一时期亲自选定并出版了自己的作品。这些作品在此时出版对他的事业有极其重要的意义,对不断演进的现代建筑历程也有重大影响。他曾与那些自己感兴趣的工作保持着联系,把图纸寄给那些被招来负责施工的人员。在内心深处,他坚信自己能够重操旧业、赢得利润,也能够如他自己所说——"使生活变成自己想要的样子",在事业和个人层面重新获得荣誉。要做到这些,他需要运用自己所擅长的一切奸诈伎俩和超强意志,幸运的是,他本来在这两方面就天赋异禀。

1910年夏末时节,他已经实现了此行的目标,手头的经费也日渐短缺。回归之日迫近,赖特开始四处打听,多方计划。他不想放弃梅玛,但是他也知道自己必须回到妻子凯瑟琳身边——哪怕只是暂时的;他更清楚自己的个人困境必须得到解决。无论他是像有些人说的那样,利用狡猾的手段和两面三刀的诡计,还是仅仅按照自己一贯的风格,采取一切必要的怀柔手段和操纵技巧,一步步实现意图，他心中的目标始终是明确的：他会暂时回到自己家中，重操旧业，然后想办法把梅玛带进自己的生活。

他首先给作为朋友兼客户的威廉·诺曼·格斯里写信寻求建议。在信中，他表现得像个充满悔恨和歉疚的罪人——他知道只有这样自己才能被家人接受。他知道自己的行为被社会所不容，重新回归将非常不易。格里斯的回信——保留在赖特档案馆中——首先历数了赖特的罪行，包括抛妻弃子、伤风败俗的通奸行为，更糟糕的是他竟然宣称要背离"既定的秩序"，宣告自由，而且宣扬不为人们所接受的爱情和婚姻主张。随后，格里斯在信中给赖特提供了一些建议，诸如他必须宣布结束私情，回到妻子和孩子身边；必须放弃对无婚姻爱情的支持。格里斯写道："我认为任何社会礼俗都不会赞同把任何形式的同居，无论肉体或精神的，置于比父母责任更为优先的位置。"格里斯还在信中提醒赖特注意社会契约——我们必须要履行义务，不可随意而为，即使本人要做出巨大牺牲，同时他也确信，赖特是能够承受这些牺牲的。他必须要遵从社会习俗，不仅仅是为了被社会所接受，更是因为如果他与此为敌，他的艺术才华将永无用武之地。最后，格里斯还叮嘱道，不可提及艾伦·凯伊的著作。

在信中忏悔一番之后，赖特到英国匆匆拜访了朋友查尔斯·阿什比，然后于1910年10月返航。梅玛直到次年夏天才返回美国。此时，她丈夫以遗弃为由与她离婚的事已经尘埃落定。赖特目前最聪明的做法似乎是短期内与她保持距离，或者尽可能地把她掩盖起来，避而不谈；同时，他自己回到奥克帕克试水。赖特写给格里斯的信起了作用：他的行为被视为完全的悔改之举，为他再次回归铺平了道路。在纽约待了两天后，赖特出现在奥克帕克。此前他已经与铁杆兄弟达尔文和威廉姆·马丁联系。威廉姆·马丁受赖特指示要带他去车站取行李，但未能成行。马丁的妻子拒绝陪着他前往，也不愿被人看到和赖特这个有罪之人一起。由此马丁也学乖了，转而带着赖特走了一条僻静的街道，希望不被人们认出来。赖特在给达尔文的一封信中写道：是的，我已经回来了！他又变回了那个曾经魅力四射、自信满满的样子，穿着深褐色的运动花呢套装，看起来就像"桂格麦片包装袋上的那个家伙"。他看起来既没有良心不安，也没有心怀歉意，显然是准备要像往常那样开始生活。

当然，赖特明白一切都不会那么容易，毕竟他还有债务需要偿还，还有烦琐的家事需要处理，未来如何也不确定。他搬回家中与凯瑟琳同住了一段时间，但他很快通知凯瑟琳说他们的婚姻已经走到了尽头，他需要想办法养家，需要找到一个居住之所。芝加哥和当地的报纸除了重复之前的绯闻之外再无其他丑闻可以爆料，转而开始报道孩子们见到父亲回归家庭时的喜悦场面。

1910年的秋季和冬季，赖特全部耗在重新开业和解决婚姻与经济的问题上。由于《特辑》存在一些设计方面的问题，他觉得自己必须去柏林一趟。1911年1月，他再次乘船去往欧洲，和瓦斯穆特就合约问题重新协商，一个月后重返美国。那年春天，事情发生了有趣的变化：一是他母亲买下了位于威斯康星海伦娜山谷的土地；二是赖特似乎早有意图——赖特的母亲将这片土地赠予赖特，他开始计划在此地建造一所房子。两件事情发生的时机如此巧妙，引发了人们关于这究竟是巧合还是有意为之的各种猜测。这座房子就是具有象征意义的塔里辛——赖特所建造的伟大且美得无与伦比的家和工作室。这是一个不断变化和改进的家，离他的根最近的地方，对他的生活和艺术有着深刻的意义。

建造塔里辛很可能是他的主意，更有可能是他母亲的决定，她将继续成为他生活的一部分——相比于这片被赠予的土地而言，这只是一个很小的代价。她比任何时候都更有占有欲，甚至愿意宽恕他可耻的行为，并且离开她靠近凯瑟琳和孩子们的房子，只为和儿子在一起。但是赖特对事情的陈述是，母亲安娜已经购置了"靠北边"的某个农场，以备将来她回到离他家较近的威斯康星，他则打算为她建一所"小房子"。赖特的故事版本中令人生疑的地方是：在当时的情况下，花费巨资购置土地这样极其不理智的行为，完全不符合安娜吝啬而审慎的性格。更巧的是，她购置的这片土地恰好位于赖特最熟悉的山谷和最喜欢的小山上。这里是赖特小时候在詹姆斯舅舅的农场劳作了几个夏天后就已熟稔和深爱的地方。此外，早期更为简单的规划中包含一个相当大的工作区——这一区域对于安娜而言显然毫无用处——这也说明这里要建造一个工作室是早就有意为之的。这项规划在他回到奥克帕克那个阴云密布的家庭六个月后就已经开始——他明白，此时他必须离开了。

赖特必须考虑该在哪里住，在哪里工作。他的首选是一个足够隐秘的地方，以便能够把梅玛带在身边，两人在一起时也不会被好奇之人或媒体追踪打探。他也不得不寻找养家糊口的方式。当时他心中一定有了解决方案：他将奥克帕克的工作室改建成凯瑟琳和孩子们居住的地方，这样他们原有的住宅就可以出租，靠租金自给自足。

"安娜计划"极其完美地实现了赖特的目的。他需要借钱实现自己的谋划。但是给自己和梅玛建房子，无疑会被视为不符合家庭与社会伦理。于是他就设法编造了一个谎言，把自己塑造成一个浪子回头、深刻忏悔、已经与另一个女人断绝关系的样子。赖特寻求帮助的对象正是一直以来对赖特都极为溺爱的达尔文·马丁。他最终答应给赖特提供一笔建筑贷款，甚至答应了赖特出格的要求——为安娜支付房产贷款，直到安娜现有的房子售出为止。

像往常一样，赖特先和马丁协商，然后对马丁的友谊与慷慨表示感谢。他滔滔不绝，巧舌如簧，把自己描绘成一个不成器但心怀感恩的受惠者。马丁很开心地称自己不是朋友，而是一个"容易受骗的傻瓜"。他后来终其一生都屈从于赖特厚颜无耻、持续不断的经济援助请求。类似这样的不公平协商后来多次发生，因为赖特绯闻不断，而且总是陷入债务与多重情感纠葛的罗网之中。传记作家布兰登·吉尔带着某种程度上的仰慕称赖特为手段高超的骗子。的确，对这种神气十足、漫不经心、举债经营的生活方式，一般人只有羡慕的份儿。他就像经典故事中的主人公一样，用令人吃惊的虚张声势，在被控谋杀父母、遭判死刑之时，以自己是孤儿为由请求法官的原谅。尽管赖特仍然债务缠身、前途未卜，他却打算要建一个绅士的乡下田庄，而非一座小房子。

他在要求客户支付定金，或是利用收集的日本版画抵押贷款之时，显得最为个性宜人，巧舌如簧。有一段时期，赖特陷入了特别的困难之中，这套收藏品被廉价拍卖以向银行偿还塔里辛的抵押贷款。但赖特总会想方设法补充一些藏品，把它们保存在他工作室的一个石质保险库中，以备急需用钱时出售。他既是艺术品交易商，又是鉴赏专家，这样的双重身份既给他以灵感，也帮他渡过难关。朱丽叶·米琪在她的著作《弗兰克·劳埃德·赖特与日本艺术：建筑师的另类爱好》（*Frank Lloyd Wright and the Art of Japan: The Architect's Other Passion*）一书中对此做了详尽的叙述。

随着规划的进展，工作室又变成了制图室，整个住宅也不断扩建,最终形成三面抱山的格局,围绕房子的是花园、喷泉、池塘和一个农场。房子位于希尔赛德,与斯普林格林隔着威斯康星河,占地两百英亩,有自己的供电供水设施和食物供应系统。比起繁多而博学的论文和资料,他设计的房子更能使我们深入了解他的建筑。他在《一部自传》中没有把这里描述成一座建筑,而是描述成一处由自然架构和定义的居所。在这里,山川与风景、光影与季节、清香与色彩、园艺苗圃与人工打造的自然原石和沙色墙壁共同构成了一个整体,极具感官冲击力和吸引力。回忆1911年的愿景时,他的语言仍然像20世纪30年代刚刚写下它们时那样雄辩有力,令人浮想联翩。其实,房子是为他自己,更是为梅玛所建,他清楚地表明梅玛是自己梦想的中心。

他在脑海里把一切都做了完整的预想:他首先想到了那片大地,以及他所知道的那片大地的美丽与慷慨——这一切都源自他在詹姆斯舅舅的农场上辛勤劳作的炎炎夏日。"我仿佛看到屋后如皇冠一般的小山顶,看到一簇簇苹果树正在开花,花香随风流泻于山谷之间;看到花落之后,果熟之时,被压弯的枝头缀满红、白、黄色的果实……我仿佛看到李子树上雪白的春花绽放,流香四溢,看到8月间树上挂满蓝、红、黄色的李子……看到一丛丛浆果树,粉色和绿色的醋栗如串串项链,从绿色的枝干上垂下来,红色的浆果如流苏般垂在深色的叶子间……成片的草莓,点缀着白色、鲜红和绿色,覆盖着山坡……我仿佛看到小山南麓的葡萄园,茂密的葡萄藤上满是紫色、绿色和黄色的葡萄……一篮篮的葡萄如鲜花般摆遍屋子,篮子里的葡萄满得几乎要溢出来。一个个绿油油的西瓜密密麻麻地卧在山坡上。成群的蜜蜂在果园中飞舞,把酿成的蜜收藏在白色的蜂房里……羊群在高坡和山上吃草……天鹅在树荫下的水面上游弋。我希望有绿孔雀和白孔雀落在低矮的屋顶上,或是在院墙上鸣叫。"

他将按照现代的方式再造出祖父的菜窖,"宽敞的砂质地板上堆满了南瓜、萝卜、土豆、胡萝卜、洋葱、防风草根……苹果、梨子和葡萄储藏在木箱中……当年那个少年吃不到的奶油……像蛋黄那样漂浮在清晨浓香的咖啡上,或是被浇在红艳艳的草莓上……是的,塔里辛应当是一个真正的工作室和一个温暖的家园,傍着一片花园和一座牧场。我预想到了一切,也种下了一切:当我为这幢建筑打下地基时,也为羊圈、牛栏、马厩和鸡舍奠定了基础"。

这种预想很快就和实际建造细节的陈述混在了一起。来自当地采石场的石块"被拖下山用于铺设庭院和露台。石块沿着山坡砌成了一道高墙……高墙沿山势逐渐变高，如同山间垒起的壁架……山顶矮墙环抱的花园如皇冠一般，盘踞于周遭的院子之上。从这些院子出发，沿着两边是墙的石阶拾级而上，方能到达山顶的花园。山顶是一片自然生长的橡树丛，安居于院子上部的一侧，其下弯弯曲曲的石椅环抱着一片空间。沿着石铺小路而下，直达一条小溪或喷泉，水流在这里聚集成小小的水塘，形成整个圆的中心……这些庭院沿着山侧构成一条类似于车道的地方，在这条通道的一侧是低矮的建筑，另一侧是紧贴着石墙的鲜花院，石墙之上撑起的则是如冠冕一般的山顶"。他设计了一个直冲式浇灌系统，溪水在水坝里聚集，流经水塘和喷泉，然后浇灌山坡上的农作物。

赖特一定还记得建造在佛罗伦萨山间的别墅与农庄。他沉浸于欧洲更加古老的自然与文化景观中，这明显影响了他对自然和建筑的感知。自然与建筑亲密无间，基于这种关系的建筑理念也因此而确立。"塔里辛将把石头和木头以抽象的方式结合在一起,就像它们在山间自然地相会……山丘的轮廓也是屋顶的轮廓,山丘的坡度就是屋顶的坡度,抹着灰泥的轻质木墙隐藏在宽阔的屋檐下,就像是山下河流里平坦的沙地,两者的颜色也完全一样……精加工后的木质外墙在鲜亮的紫色中泛出树干原始的灰色,木瓦铺就的银灰色屋顶如同树枝一般伸展着。"

"室内的地板与室外一样,都是石材铺就,或是铺设着带有灰色条纹的宽柏木板。墙壁内的灰泥掺有箱子中的生赭石,然后用最自然的方法粉在墙上,干透以后显露出金粉色……房间直接与屋顶相连,就像一个个帐篷,顶部是条纹状的涂蜡软木联结在一起……墙上的窗户比树顶还高,打开窗户,外面的风景就一览无余……我想要一座房子,条条冰凌装点着屋檐。"他写道。房子里没有排水沟。"冬日里,塔里辛就变成了一座水晶宫,屋顶上、外墙上都是皑皑白雪,屋檐下悬着如流苏般晶亮的冰凌……整个住所低矮而宽大,温暖而舒适,与环境融为一体。"

1911年夏,房子建造进展迅速。同年8月,房子已经基本完工,为梅玛从欧洲归来与赖特团聚做好了准备。

然而纸包不住火，没过多久，梅玛在塔里辛的消息就被人知晓，很快，媒体报道便如野火般四散开来，有报道称看到赖特在渡过小溪时背着一个身穿暴露欧式内衣的女人。其实，这对情人除了翻译凯伊和歌德的作品之外，根本没有做其他出格的事情。夏季和学校放假时，梅玛的孩子们会来看望她。她参与一般活动和社区生活时显得彬彬有礼、沉静友好，很快就赢得了当地人的好感。

赖特的业务也开始有了起色。去欧洲时，他将部分业务移交给了赫尔曼·冯·霍尔斯特，匆忙中签了协议并立即生效，此刻，赖特开始质疑合同的合理性。他逐渐发觉，冯·霍尔斯特，还有他以前的合伙人马里恩·马奥尼和瓦特·伯利·格里芬——他们都曾帮助工作室完成过一些重要的委托任务，而今，他们都抢走了他的客户。于是，他开始尝试要回仍然在建的工程，收取那些他认为别人欠他的费用。最后，这事不得不交由律师处理。数月之后，双方达成和解，赖特收到了一笔款项，总计一百零八美元二十九美分。在他看来，这些朋友和合伙人对他不忠诚，背叛了他，因此赖特深感苦恼，更对没人把这种现在风靡美国中西部的建筑风格归功于他而怨恨不已。除了泰勒·伍利，他拒绝重新雇用在他离开前为他工作过的人。

赖特这个回头的浪子心甘情愿地来到了塔里辛，不过此时的他远没有当初在奥克帕克和芝加哥时那么平易近人。到1912年春，赖特已经接到六座住宅和一个宾馆的设计委托。他设法在芝加哥弄到一间办公室，在塔里辛组建起自己的员工队伍——包括他的儿子约翰和伍利；工作日程安排表上满满当当，设计展览也步入正轨。到1913年初，瓦斯穆特出版的《赖特作品精选集》已在美国发行，而且很快就摆上了勒·柯布西耶和其他欧洲现代主义者的书架。开始有人委托赖特建造更为复杂的建筑——复杂程度远超他早期的住宅建筑。

位于芝加哥的米德威综合游乐场就是这些大型工程之一，项目设计模仿了德国的啤酒花园。该游乐场设计的初衷是为了吸引芝加哥市的德裔社区民众，结构上由一个冬日花园和一个夏季花园组成，附带有饭店、舞池、音乐厅、露天音乐台和表演舞台，用于传统和流行的娱乐活动。赖特运用精美的装饰手法建造了一个魔法仙境般的建筑。建筑中丰富的装饰元素——包括雕塑家理查德·博克的人像雕塑，以及他自己设计的一般样式的"小精灵"和效仿的"梅茨勒式缪斯"——由另外一个他最喜欢的合作者阿方索·吉安内里负责领会和实施。

由于从一开始资金就不够充足,米德威游乐场存在的时间很短,魅力尽失。其维护和管理耗资巨大,再后来则因为禁酒令提前收场。先后有多名所有者试图将其改作他用,但都不成功,最终不得不于1929年拆除。看到自己设计的花园如此坚固,拆除时极为费力,赖特滋生了一种病态的快乐,就像他后来看到拉金大厦被拆除时的艰难状况一样。

当初,赖特的"精神逃亡"与"自我流放"使他这个局外人变成了一个社会的弃儿。他不仅承袭了劳埃德·琼斯家族独立自由、敢于反叛传统的精神,而且青出于蓝,走上了一条背离核心道德原则的不归之路。现在,赖特重新开业,他有必要为过去的行为正名,为自己塑造一个无可指摘的个人形象。与往常一样,赖特毫不费力地为自己的行为披上了神圣的外衣——这样做是为了对抗人类的虚伪,上帝必须与他在同一阵营。赖特终其一生都是一个虔诚的人,但是他的宗教虔诚并没有赋予他仁慈之心。他越来越觉得那些他曾经信任过的人未经他同意就做了私下交易,甚至是欺骗了他。这种想法连同他希望受到尊崇却未曾得到满足的虚荣心一起，逐渐变成了嫉恨，嫉恨越积越多，最后几乎到了偏执多疑的境地。没人知道他的这些感受有多少是发自内心，又有多少是刻意为之。但是在他那好斗的性格背后，总有一种悻悻然的自娱心态。有这样一个广为人知的故事：赖特被传唤到法庭上为一个案件作证，当法官要他表明自己身份的时候，他宣称自己是世界上最伟大的建筑师。当被问到他怎能如此回答时，他面露得色，双眼放光，回答说自己别无选择，因为他已经手按《圣经》起誓要说真话。

1914年春，米德威游乐场的设计终于完工。在经历了为期四个月的疯狂赶工后，终于在7月对公众开放。由于装饰工程尚未结束，赖特和儿子约翰大部分时间都待在现场。有时候他甚至在建筑现场过夜——他说自己的床就是刨花堆。

1915年8月15日，他仍在建筑现场。正是在这一天，他收到了令他悲痛欲绝的噩耗。即使是一向对惨剧和灾祸格外青睐的媒体，也无法编撰出比这更可怕的事件。一个精神错乱的仆人用斧头袭击了那天在塔里辛的所有人——梅玛、梅玛来此地消暑的儿女约翰和玛莎、工作室的两个制图员、塔里辛的工头,还有三个工匠(园丁、木匠和他的儿子)——其中七人被砍致死;塔里辛的生活区被一把火烧光。梅玛的头被一下劈成了两半,她的儿女随即也惨遭毒手。几小时后,她的尸体在死去的地方被找到,但早已被烧得面目模糊。当时有三名受害者幸存——制图员之一的赫伯特·弗里茨、木匠威廉·维思通和园丁大卫·林德布卢姆。弗里茨从一扇窗户跳下逃生,摔断了胳膊。幸运的是,他得以从山上滚下,扑灭了衣服上的火。维思通被斧柄击伤,他和林德布卢姆两个人虽然受伤流血,又被烧伤,却居然跑到了一英里外的邻居家呼救。后来维思通又返回现场,用花园墙上的水管对着大火喷水,直到被救援人员发现并抬走。有些受到致命伤的人几乎当场毙命,还有些则在痛苦中煎熬了数小时后死去。赖特当时身在芝加哥,他只是被告知发生了大火。但是当他乘火车返回威斯康星时,碰巧遇到了一个记者,记者告知了他这个噩耗。这些记者急着追踪报道,甚至已经在匆忙中为发生在赖特为他的情妇所建的"爱巢"中的血腥屠杀事件编好了导语。在这则报道上,他们用令人作呕的笔触详细地描写那恐怖的犯罪现场,义正辞言地宣称善恶有报。赖特面若死灰,几乎瘫倒,不得不由同行的儿子约翰架着。在这列火车上还有埃德温·切尼,他听到前妻和孩子们的死讯,当场惊呆了。梅玛的前夫和情人同乘一列车,因为震惊和悲恸联系在了一起。

灾难的起因大概如此:在米德威游乐场主人约翰福·格尔桑的推荐下,赖特雇了一对来自巴巴多斯的夫妻——格特鲁德·卡尔顿和朱利安·卡尔顿——做厨师和男仆。关于当时的情况有各种臆测,但无一得到证实。朱利安·卡尔顿可能曾与赖特的工作人员存在分歧,因而受到了指责。又有传闻说梅玛觉得这对夫妻不够顺从,打算辞退他们。无论实际发生了什么,卡尔顿的残暴行径显然是心理疾病暴发的表现;他显然是疯了。当时,他身着白礼服,刚刚端上午餐,小心谨慎、规规矩矩地侍候着坐在露台上的梅玛和她的孩子们。很快,那些在房子另一端的餐厅用餐的工匠们闻到汽油味,看到有液体从门缝涌入,随后火光冲天。

餐厅大部分的窗户和门已被锁上。男人们试图逃跑,但他们的衣服和身体立刻被火苗吞噬。躲在门后的卡尔顿早有预谋,每个冲过去的人都惨遭重击。后来赶到的人们发现现场一片血腥,塔里辛的主体也只剩下冒着烟的废墟。在不远处,赖特为他的妹妹简和她丈夫安德鲁·波特建的房子被用作临时停尸房,受伤的人也被抬了进去。尚未死去的人整夜哀号。赖特记得自己曾听见北美夜鹰的叫声,那声音总能勾起他无法抑制的伤痛。人们很快开始搜寻凶手卡尔顿,却毫无结果。第二天,有人发现他躲在早已冰冷的壁炉火坑中。他试图吞硫酸自杀,却没成功,随后被抓进监狱。由于无法进食和饮水,一个月后,他死了。

事发后的第二天上午,赖特的工匠们做了些简单的木箱安放那些逝去的人。埃德温·切尼把装有两个孩子遗体的小箱子用车载回了芝加哥。梅玛的尸体被留给了赖特。其余的事情我们最好让赖特自己来诉说。他在《一部自传》中记录下了整件事情:"在家庭教堂的空地上,黑色的绝望笼罩了简朴的葬礼。塔里辛的工匠们挖出了一个深深的坟墓……我把她花园里所有的花都摘了下来,将那结实的白松木棺材铺满鲜花。我儿子约翰,走到我的身边,帮我把她抬起来,放置在群花之上,放置在那些曾经因她而生长、开放的鲜花上。棺木的盖子被压上,固定。那未经修饰的结实棺木被我的工匠们扛在肩上,然后放置在我们的马车上,车上也满是鲜花……我们把整个一切都变成了花的世界。这稍稍抚慰了我的伤痛。"

赖特随着马车一路走向教堂,"那里没有钟声,没有人在等待"。在约翰和两个年轻表兄弟的帮助下,他"把那铺满和盖满鲜花的松木棺徐徐放入墓穴底部。然后,我要他们都回去,让自己一个人待在那里。我想要把自己埋入那个墓穴。我记得那8月的太阳正沿着熟悉的绵绵山脊落下……渐渐地,一切都被黑暗吞噬……我把自己埋在墓穴中,在黑暗中停留"。

"我看到山畔上的一个黑洞,看到漆黑的夜笼罩着一切……紧接着黑夜而来的白天也奇怪地失去了光。不在了——彻彻底底地,她不在了。"

第七章

他没有在梅玛的墓前立起墓碑。何必标记"这个始于荒芜，终于荒凉的地方"呢？他在《一部自传》中写道，"第一次强烈的痛苦之后"，他再也不能去想象她的存在，抑或感知她的音容笑貌。这次惨剧已经麻木了他所有的感官——"打击太大了"，他母亲过来，想把儿子带走，但赖特拒绝离开。

赖特晚上就睡在工作室后面的一个小房间里，夜"充满了奇怪的、毫无来由的恐惧……大火在那美丽的山畔留下了黑乎乎的空洞，就像是在我的生活——和所有人的生活上留下了一个烧焦的丑陋伤疤"。有的伤痛太深重，深重到无法应对；有的负罪感——真实的抑或是想象的——太沉重，沉重到无法面对；有些损失太巨大，巨大到无从哀悼。他背部和颈部开始长疮，深受折磨，甚至一度危及视力，他以为自己会失明。过了一段时间后，他回到位于芝加哥的住所，一个人住，只有一个用人帮他打理生活。

他发誓要重建塔里辛，也正是这次重建拯救了他。"在行动中，痛苦得以释放，"他写道，"只有工作才能帮我减轻痛苦。"他重新设计了事发地的建筑，以驱除记忆。他新建了一个侧房，房中有着巨大的壁炉，门外增建了石头凉廊,通向海伦娜山谷。"慢慢地,一块石头接着一块石头,一片木板连着一片木板,第二个塔里辛在原来的废墟中重生了!"

这次惨剧的每一个细节都被报纸肆意渲染。即使那些对他的建筑一无所知的人,也对他的绯闻逸事和伤痛过往一清二楚。从各地寄来的信件大部分表达了同情之意。他说他没有拆读这些来信,而是把它们绑作一捆,烧了。他的工作人员很可能首先对来信做了筛选。但是他阅读并回复了其中的一封。那封信充满了感同身受的理解之情,赖特开始对写信人产生好奇心。这位写信者是一个富有的离婚女士,名叫莫德·米利安·诺埃尔。她曾以雕塑家的身份侨居巴黎,直到第一次世界大战开始后才不得不回到美国。米利安·诺埃尔——她更喜欢被这样称呼,而不是过时的莫德——正是那种眼界宽广、"不受束缚"的女性,她给赖特带来了慰藉,也令赖特对她产生了兴趣。于是,他安排双方在他芝加哥的办公室会面。

她立刻激起了他的兴趣。这位女士四十五岁,比赖特小两岁,却精于世事,并且比他想象得更具吸引力。她和赖特一样,是自我形象包装的大师。她穿着当时流行的"颇具艺术美感的"衣服，喜欢无边帽、纱巾、串珠、毛皮装饰的长礼服和外衣。谈话时，她戴着一副单片眼镜，时不时取下来把玩一番。有时她会抽烟，由赖特帮她点着，散发出优雅和神秘的气息。当她谈到"倒霉"的恋情时，立刻与他的不幸产生了共鸣。

米利安·诺埃尔被描述成表情生动、大眼睛的漂亮女人。但从照片来看，她长相平平，圆脸，两只眼睛不匀称地挤在一起；年轻时画像上的柔和表情，在后来的照片中被严肃和拘谨取代。她显然精心塑造了个人角色。赖特在她身上看到的是性格和善、聪慧大方，是两人在文学与艺术上的志趣相投，是两人都自信拥有超越常人的审美能力，而且连这种自信的程度都如此般配。当然，她也流露出了激情的暗示，并频频发送出女性的神秘气息，极富魅惑。她自称在他身上看到了天赋的才能，对艺术的鉴赏力和品位。赖特不知道的是，她正接受药物治疗，情绪极不稳定，而且极易突然暴怒，时不时会发生毫无由头的愤怒和复仇式的非理性行为。直到后来，赖特才发现她神经质的个性。若在今日，她可能会被诊断为精神分裂症患者。有时，她的古怪性格会突然恶化，导致破坏性行为，这令人沮丧的现实使得赖特在《一部自传》中写到自己的生活"似乎因难以察觉的毒气而无法继续"。对此次会面最为准确的描述莫过于尼尔·莱文的评语:"他们当时只是同病相怜罢了。"

的确,他们在接下来的七八年中让彼此苦不堪言——唯一将他们联系在一起的纽带是他们对爱的迫切渴望。赖特在女性面前的脆弱感情被他所谓的"可怕的孤独感"催化。1922年,凯瑟琳终于同意和赖特离婚,米利安·诺埃尔正式成为了他的第二任妻子。

他们之间的恋情几乎是一触即燃。显然,在赖特芝加哥的住所里,他们经历了一夜欢愉,米利安在两人发生关系之后的第二天给他写了一封信,将性爱提升到了古典戏剧和文学的高度。在信中,她引述亚西比德[①]和阿伽颂[②]的典故,称呼赖特为"我白日梦的主人",并提议为他戴上紫罗兰的皇冠,用黄金制成的束发带系起头发。她声称自己是赖特的奴隶。"我要亲吻你的双脚,"她写道,"我是你的俘虏。"事实上,她最终把他的生活变成了人间地狱。

---

① 亚西比德(Alcibiades,公元前450—前404年),古希腊将军,苏格拉底门徒,曾遭放逐,终被暗杀。
② 阿伽颂(Agathon,公元前448—前400年),古希腊悲剧诗人。

他们相见那年是1915年。就在这年春天，米利安搬进了塔里辛。两人的关系从一开始就风波不断。1914年的惨剧后不久，赖特用悲伤的笔触在当地的报纸上刊出一篇文章，向他的邻居们曾受到的震惊和恐惧表示歉意。像往常一样，他首先为自己的道德品行做了一番辩护，然后向邻居们致谢，感谢他们对梅玛的善意，也表示自己希望余生能够平静地生活下去。他对平静生活的期望并没有实现。新闻界很快又有了一条值得细品的新丑闻。

米利安与梅玛不同：每次赖特就他们不合礼俗的同居生活做出谦卑的解释时，梅玛总会保持沉默，而米利安则比赖特更为喧嚣，她高调宣称他们的姘居是多么与众不同的壮举。她公开宣称，对于那些富有感受力的人来说，世界必须承认特殊的婚姻状况；其他人必须容忍他们制定自己的规则，并依据此规则生活。来到塔里辛的访客常常被她多变的穿着弄得眼花缭乱，有时她穿着紧身的白色薄缎子礼服会客，有时又会身着粗糙的家织布长袍，戴着与之相配的头饰。有些访客看到她对赖特的操纵与控制，感到非常不安，似乎赖特本人才是被役使的奴隶。

他们之间激烈的争吵常常会始于威斯康星（这里

不是米利安的久居之处,因为她不像路易十六的王后玛丽·安托瓦内特那样满足于田园生活),延续到日本,甚至吵到加利福尼亚。无论赖特到哪里工作,她都会跟着去。出于强烈的妒忌心理,她指责赖特自负、自私,而且不忠。她反复地责骂他没有能力去爱任何人——既不爱早已逝去的梅玛,也不爱饱受折磨的米利安;他只爱他自己。而她则将背负着他的冷漠,怀着伟大的爱,一个人走向沙漠,终老一生。

在一次特别凶的争吵之后,她用极其残忍的话写了一封长信谴责赖特,而且表示自己要离他而去。赖特在信中用近乎夸张的谦卑语气,乞求她不要离开。在有些信件中,米利安用极为细致的描写把赖特形容为一个怪物,并从她用作临时避难地的芝加哥住所寄出。这些信被赖特以前的家仆内莉·卜瑞恩截获。这个人以前显然是被赖特辞退过的。怀着和米利安一样的报复心理,她将这些信交给了报社。对她而言这是一个攻击赖特的绝佳时机,只不过利用这些信做武器,报复就染上了一层色情暗杀的色彩。她后来向有关官员告发赖特,称他违反了《曼恩法案》。该法案规定出于不道德目的将女性从一个州带到另一个州是违法行为。这种奇怪的法案在1910年由国会通过,目的是应对白奴[①]贸易带来的恐慌。在这类贸易中妓女常常被强行从一个州带到另外一个州。对于那些专门以赖特言行失检报道为生的记者而言,这无疑是天大的好消息。赖特被控将米利安从伊利诺伊带到威斯康星。该法案多用于管控骚扰,至今仍然是现行法律的组成部分,虽然在表述方式上已经做了重大改变,在对象上包括男性、女性和孩子,并指定州际人口走私必须针对犯罪行为。在这件事情上,赖特是个"倒霉"的人。他聘请了克拉伦斯·达罗——后来斯科普斯"猴子审判"[②]一案的律师——驳回了这一指控。

与米利安的婚姻绝非赖特从1914年的惨剧中恢复的良药。他对梅玛的爱并没有随着梅玛的死而消失,米利安清楚地看到了这一点。在她看来,梅玛仍然是一个强大的竞争对手,仍然和她争抢着赖特的忠诚与爱。将赖

[①] 白奴(white slave)分为两种,一是混有黑人血统的白皮肤的"黑奴",二是白人契约奴,特指在1至19世纪到美国的欧洲白色人种的奴隶。白人契约奴的来源有四个:无力偿还债务的人,想到北美洲而缺乏路费的人,受殖民政府拐骗的移民和英国的罪犯。

[②] 猴子审判(The Monkey Trial),1925年美国田纳西州颁布法令,禁止在课堂上讲授"进化论"。受美国公民自由联盟唆使,田纳西州一物理教师斯科普斯很快以身试法,制造了轰动整个美国乃至整个世界的历史性事件——"猴子审判"。

特从塔里辛惨剧——而非从米利安对他的迫害中（这种迫害持续到他们关系终止之后很多年）——拯救出来的是东京帝国饭店的设计工作。这个工作使他得以在相当长的一段时间内待在国外。饭店的建造在他多次往返日本后才得以完成。他第一次去是1905年，此后他在日本待了四年才完工。

该建筑是为了取代一个同名的旧酒店。在当时，这幢新建筑标志着日本进入现代世界，而且将通过提供体面的住宿条件来增进与西方的联系。与往常一样，这项设计工作是赖特通过精明的运作，并找到恰当的中间人才得来的。赖特自己的说法是日本天皇派遣了一个代表团到世界各地寻找合适的建筑师，最终在威斯康星找到了他，而且一见面立即（我们或许可以假设，是以某种非常谦恭的方式）请他接受此项工作。他并未提供具体的会面日期，但无所谓，这就是赖特为自己创造的神话。

1911年在芝加哥的会面直接促成了此事，中间人是弗雷德里克·W.古金。古金本人是个银行家，与赖特一样也是个日本版画收藏爱好者。他同时还是一个颇具影响力的日本艺术爱好者团体的成员，其他成员还包括欧内斯特·费诺罗萨——"波士顿东方主义者"组织的知名领袖。他的藏品后来成为波士顿美术博物馆日本馆的主要部分。赖特已收藏了不少由歌川广重和葛饰北斋等大师创作的精美木版画,而在日本工作期间,他还打算购买大量展示风景、艺伎以及日常生活的浮世绘①。由于日本收藏家觉得这些作品过于低俗,他得以低价购入,最后藏品竟多达千件。

古金认识原东京帝国饭店的经理林爱作,并向后者推荐了赖特。随后,赖特于1913年与梅玛一起到东京,双方曾讨论此事。由于日本天皇于1912年驾崩,该项目一度中断,后又重启。1914年8月日本以协约国成员的身份加入"一战",美国也于1917年参战。战争期间,赖特一直从事着该项目。1916年项目正式开始,小林专程到塔里辛面见赖特,授权他设计饭店。1917年赖特重返东京,并在那里进行规划和图纸绘制。1918年10月底,他和米利安以及儿子约翰一起乘船前往。约翰此行是为了协助父亲,他们此次赴日停留了很久。1919年重建再度开始。此后每年他都要返回美国,没有人清楚他究竟往返了多少次;海上航行要两周时间,赖特一路上都在晕

---

① 浮世绘(ukiyoe),即日本的风俗画、版画,是日本江户时代(1603—1867)兴起的一种独特的民族艺术。

船——于他而言，每次旅行都是一种煎熬。此时，离建筑师们坐着飞机全球跑、使用即时电子通信工具的时代还有半个世纪之遥。他直到1922年才彻底完工，返回家中。

帝国饭店之所以出名，主要是因为该饭店在日本史上最大级别的地震中——1923年9月1日的神户大地震——仍然屹立如初。此次地震约致十多万人丧生，东京几乎被夷为平地。据说最早传到美国的新闻中列举了毁于地震的"帝国"建筑，一家芝加哥报纸以为这些建筑中包括帝国饭店，因此借此事再次证明赖特一直都是"灾难性新闻"最"可靠"的制造者。由于当时通信完全中断，赖特几天之后才收到一条电报，其上写着一句后来广为流传的话："大楼完好，足证君之天才。"发报人是大仓①男爵，时任日本政府与工业联营集团理事长，也正是这一集团为饭店项目提供了支持。得益于拱形的漂浮地基——本意是要确保基座能够随其下的泥浆移动而不致断裂——以及赖特坚持将水作为设计特征和防火之用，帝国饭店在地震和震后肆虐的大火中幸存，为数以

---

① 大仓喜八郎（1837—1928），实业家，大仓财阀的创办者，曾参与筹资创建东京帝国饭店。

百计无家可归的人提供了避难所。

批评家们曾经认为这座建筑是新奇的过渡时期风格，还有人斥其造型古怪且落伍。修正主义学者不再受制于正统现代主义——赖特设计的建筑也从各个方面显示出对正统现代主义的蔑视——开始以不同的眼光来看待赖特的建筑。在日本建造一座"现代"建筑，并保证这幢建筑在地震来袭时能够屹立不倒，这在当时是个极大的挑战，需要巨大的勇气，赖特从不缺少这种勇气；除此之外，更需要对技术的熟练掌握和对当地环境的专业了解，为此赖特将他的工程师保罗·穆勒带到了日本。要实现一个结构复杂、前所未有的设计和开创性工程，是一项旷日持久、任务艰巨的事业。这项事业跨越了近十二个年头。正如亚瑟·德雷克斯勒在现代艺术博物馆看到展出的赖特图纸后所指出的那样：赖特具有"从困难的工作中滋生灵感的能力"。另外，还有无法克服的语言和文化障碍——他只能通过口译人员与他的客户沟通，他发现日本人的交往习惯间接委婉到令人抓狂的地步。在内心深处，他仍然情绪低落，感到非常孤单。

他在《一部自传》中把日本描述成一个传统又奇特、美丽又充满异国情调的地方——奇特的感觉、奇特的人和奇特的色彩。赖特的文笔极其生动,他将东京的传统风俗以及熙来攘往的生活描绘得淋漓尽致,绘成一幅色彩和声音的拼贴画。"宽阔、裸露的街道上挤满了人……垂着帘子的轿子,猩红色和金色……无数双木屐在卵石铺就的街道上发出的声音……商店里满是奇奇怪怪或色彩鲜艳的商品……挑在竹竿上的红灯笼……装着萤火虫的小笼子……月牙状的灯笼在一溜排开的松树上发出融融的红光……三弦琴的演奏声像夏季田野无处不在的昆虫合奏曲一般从四面八方涌来……艺伎……轻轻地起伏……春章和重政的'绿色小屋里的美女'……一切看起来……就像浮世绘一样!"

帝国饭店在混沌和杂乱中缓慢生长,越建越高。赖特很快就发现,他原先设计的一切都必须在现场进行重新设计。他曾多次试图引入现代建筑方法,均告失败,他发现自己在与传统打一场注定要失败的仗,甚至没有办法达成妥协。这项工作由勤勉的工人站在脆弱的竹制脚手架上一点点完成。建造期间也出现过资金问题,管理委员会也曾因为谣言怀疑他的设计是否可行。直到1922年,当这一建筑在一次轻微的地震中岿然不动时,对赖特的信任才渐渐恢复。这对赖特而言是一种巨大的抚慰。从头到尾,他几乎都笼罩在被解雇的绝望和恐惧中。

他组织了一支东西方结合的员工队伍。这里既有后来在加利福尼亚州扬名立万的欧洲现代主义大师鲁道夫·辛德勒和后来留在日本的安东尼·雷蒙(两人都被赖特的作品和名气所吸引),也有日本助手和工人,这些人陪伴他一起渡过了施工管理和建筑设计的重重难关。1919年,已有的公寓被烧毁之后,他被允许在酒店的附楼那里为自己建一个公寓。他很快竣工,包括一间带壁炉的起居室、餐厅、卧室和浴缸,统一由酒店服务系统管理。那里还有楼梯通向顶楼的工作室和卧室,供他在熬夜工作时休息。房子的阳台俯瞰一座花园,他还写道,自己"颇费了一番周折",才在东京某地找到一架"小小的"三角钢琴。

尼尔·莱文是《弗兰克·劳埃德·赖特的建筑》(*The Architecture of Frank Lloyd Wright*)一书的作者。在这部令人印象深刻的书中,莱文将东京帝国饭店描述成一个"由砖和熔岩石构成的建筑,散发着阴郁、不祥、肃穆的气息"。这是个体积庞大、装饰复杂的建筑,既未模仿日本风格,也未重复赖特以前的作品。赖特本人称其为一艘战舰。正如他后来所说，他知道他是在"为应对世界末日而建"；他完全沉浸在"地震的恐惧"之中；他完全被富士山无尽的威胁和永恒的意象附身。这座山成了他设计的中心理念，一如它成为日本文化和生活的中心一样。

帝国饭店内部以砖砌就，墙体内倾，外部是双层的混凝土，底部比顶部厚重，整体角度设计保证了重心在较低的位置。狭长低矮的两翼设有多间西式客房，环抱着一个较高的中央凉亭，作社交和办公之用，其间是花园与水池。整个建筑被分为几个部分，由几个悬桁相连接，以避免建筑因结构过于僵硬而在重压下断裂。每个部分都单独与浮动地基相连，地基本身的设计则保证了它能够在受到冲击时自由移动。由平板向上重叠而成的椎体式屋顶覆盖着绿色的铜，而非传统的瓦块，以防这些瓦片在地震来袭时变成致命的飞弹。令人萦绕于怀的富士山形象化身为低矮侧翼上高耸着的悬空屋顶，更表现在他所选用的材质柔软、略带绿色的火山大谷石①上。

赖特的成就是惊人的。这并不是因为他凭空创造了什么前所未有的东西——东京帝国饭店只是他"草原风"

---

① 大谷石（oya stone），材质温和，易于雕刻，同时又能防火。

建筑的放大版,也不是因为他的建筑成了在地震中唯一完好无损的房子——这两个说法都很容易引起人们的质疑。真正的原因在于他的眼光既具有原创性,又充满了实用主义特征。他吸收、改编并且整合源自多种渠道的资源,以创造出属于自己的独一无二的东西,但仍然可以被解读成对文化的尊重。这项卓越的计划受到了长期赞赏。除掉神秘的面纱,实际上,这座被大仓男爵礼赞为"天才"之作的建筑,很大程度上要归功于赖特雇用的专业工程师,他的老朋友和工作伙伴——保罗·穆勒。两人都十分熟悉如何在芝加哥不稳定的底层上建造适用于高层建筑的地基。赖特的浮动地基类似于东京19世纪90年代早期建筑开发的解决方案,这些建筑在后来的地震中遭受的损害最小。整个事件的终极真相是,帝国饭店实现了在胜算极小的情况下大获全胜的了不起的成就。

尽管帝国饭店确实令人印象深刻,却有人感觉这座建筑不是个明亮宜人、引人入胜的去处。从照片上看,勇士雕像守护着它的门户,雕刻细致的大谷石令人深感压抑。高耸的空间如岩洞一般,其上覆盖着熔岩雕刻而成的孔雀和复杂集合图案,令人毛骨悚然。它或许本该是一处仙境或恐怖屋,也或许两者兼有。当这里不再用作饭店时，这座建筑对很多人而言都显得非常阴郁，尽管它也成为一些人崇拜的对象；其华丽的异国情调已经日趋破败。1968年酒店被拆除。这座建筑的存在超越了它所属的时代，它的影响流传深远，绵亘至今。约十年之后，该建筑的入口和大厅被移建于明治时期的户外博物馆中。正如尼尔·莱文敏锐指出的那样："帝国饭店的建造证明了赖特在灾难中幸存的能力……神秘的凤凰在灰烬中涅槃重生。"

但是他的健康也因为这项工程受到重创。工程末期，他常常因胃肠疾病而饱受折磨，这种病也令许多其他外国人痛苦不堪。他的母亲安娜，当时已经八十岁高龄，不得不历经艰辛来到日本照顾他的起居。在日本，安娜受到了近乎王室般虔敬的待遇。但米利安对她的到来勃然大怒，在此之前她一直独霸赖特，扮演着诺埃尔夫人的角色。后来，只剩下建筑的一个侧翼尚未完工，无须他在场即可建成。此时赖特身体已经极度不适，精力透支。这位"赖特君"——按照他自己的说法——是该离开日本了。

第八章

大多数建筑师都需要有一个接一个的工程项目在手,才能维持生计。像他们一样,即使已经被委托了重大工程项目,赖特也一直生活在对失去项目委托的恐惧之中。在合同尚未签订前,他就已经开始着手研究帝国饭店的设计。此时,他被介绍给艾琳·巴恩斯德尔,一位石油产业继承人和表演艺术的赞助者。她曾在欧洲师从爱莲诺·拉杜丝学习表演艺术,并希望在芝加哥建立一个小剧院。塔里辛悲剧约一年之后,他们初次会面。到1921年,东京帝国饭店工程完工时,这项委托工程也从一个小剧场变成了一处艺术建筑群环绕的小住宅,建筑群中既有两个用于表演和放映电影的剧院,也有艺术家的工作室和住所,选址也从芝加哥改到了洛杉矶。这个雄心勃勃的计划并未完成,但是它孕育出了一幢了不起的住宅,标志着赖特建筑风格的根本性改变。

艾琳·巴恩斯德尔称这幢住宅为蜀葵屋,因为房子周围蔓生着野生蜀葵。据她自己所说,蜀葵是她最喜爱的花。这幢房子与赖特此前设计或建造的,抑或是当时已有的房子都不一样。他将这次工程作为对自己现有设计方式和风格的挑战。住宅建在橄榄山上,这是一个充满传奇色彩的地方，它俯瞰着四周的南加州山脉，尽享城市和海洋风光。连片的屋顶露台使周围的壮观景象尽收眼底，还可用于表演。不同于塔里辛面向的一片葱茏景观，蜀葵屋是围绕一个中央庭院和游泳池而建。水流穿过建筑，并环绕着建筑和周围的景观，构成了整个设计不可分割的组成部分。入口处有一个类似于神庙的巨石，中楣上是蜀葵花形状构成的雕饰带。房子与任何已有的或是单一可辨的风格都不同，它承载着众多的印迹；如果说房子的外观是古色古香中隐含着中美洲色彩，那么，其对称设计和侧翼则仍然带着古典建筑风格的庄重感。

　　宽大的客厅是经典双立体型，里面有赖特式的室内陈设，加上金色基座上富丽堂皇的日式屏风，营造出一种金色与棕色的温暖色调。房间正中是个壁炉，但该壁炉的设计与赖特此前的设计迥异。它由混凝土筑就，而非砖石砌成，用抽象的图案点缀。壁炉向房内凹进，独自占据一块空间。这样的设计不会给人一种阴郁、压抑的隔离感。壁炉的上方是一扇天窗，亮光倾泻而下，洒落其上。更令人称奇的是，壁炉的底座置于一摊浅水之上，与住宅其他类似宗教仪式般的象征物一样，显示出住宅所具有的生命特性——一切与生命相关的元素都囊括在内——火、水、土、风。

工业和景观设计师诺曼·贝尔·格迪斯后来受巴恩斯德尔之托设计剧院，他看到房子早期的设计图，称之为"令人吃惊和着迷"，"完全是加利福尼亚"风格。从某种意义上说，他是对的。这是一项发明，整个南加州在20世纪20年代初，其实就是在发明中创生的。刚出现不久的电影业是一个令人振奋的新事物，带来了令人向往的非真实感；好莱坞成为人人向往之地——一个梦幻的乐园。赖特认为自己正在设计一种从未存在过的本土建筑，为这个由陌生人和他们带来的新事物占据的土地创造出一种童话般的身份。尽管这片土地不久后就成了黄金地段，但在当时，它的大部分仍然呈现一种本真的美，狂野而恣意。艾格尼丝·德·米尔记下了她幼年时从那一望无际的田野里跑过的情形，写下了记忆里那烂漫的野花。在那里，塞西尔·B.德米尔拍摄了自己史诗般的巨制影片。

电影《巴比伦》《罗马》《中东》等的拍摄地也选在这里。这些摄影地被留在当初建成的地方，与罂粟和桉树同在。幻想定义了人们对这里的感知，也设定了居住的条件。明星和各种电影工作室的大佬在这里仿照着从法国城堡、英国庄园到西班牙殖民时期建筑的不同风格,建起了豪宅;这个应许之地正在成为在建筑幻想中从未出现过的地方。赖特谴责这一切,斥责它们是衍生的、虚构的——都是一些没有生命的建筑。他相信人们需要一种新式的、更适宜的建筑,他更相信自己才是创造这种新式建筑的不二人选;这种新式建筑的风格将是美国式的,也将具有鲜明的赖特风格。他的那些欧洲同行都拒绝并排斥历史,而他却选取不同的路径——从历史和地理环境中汲取思想。当然,他从未承认自己借用的形式与传统源自历史。

他痴迷各种古老而原始的文化。1909年周游欧洲列国时,他已经看到了它们对当代欧洲艺术的影响。通过芝加哥世界博览会上和1915年加州巴拿马-太平洋博览会上展出的乌斯马尔和奇琴伊察[①]的模型与照片,他看到了前哥伦比亚时期的城市模样,看到了墨西哥和中南美洲的神庙。他还拥有一组展品的照片。无论怎么声明,怎么掩盖事实,赖特和所有其他的建筑师一样,都从历

---

① 两处均为玛雅文明遗址。

史上伟大的建筑中汲取了充足的养分。所不同处在于，他总是在自己学得的知识储备中增加一些新的、异质的、来自遥远异国他乡的元素。他认为这些早期的美洲文明建筑，设计大胆，外观宏伟，内饰新颖，比那些从欧洲和东海岸引入的传统样式更加符合加州的地理状况和文化特质，更接近这里葱郁的山水景观和宜人的自然气候。而他，像对待其他事物一样，利用这些灵感的来源创造出了纯粹属于自己的东西。如果说此种隐含的地方主义色彩是有意而为，那么它们至少为他提供了一个有趣的、有待探索的审美源泉。

他称自己发明的这种建筑样式为"加州浪漫曲"。他解释说，在音乐领域，浪漫曲是指"自由的形式，或创作个人风格的自由"——似乎是某种与时间和地点达到完美契合的事物。蜀葵屋也是梦想的化身。那些看起来像是坚固石头或水泥的建筑材料，其实是灰泥上覆以板条。赖特的浪漫主义风格与当时在欧洲逐渐兴起的反美学极简主义截然不同。蜀葵屋式的浪漫曲与柯布西耶萨伏伊别墅的理性主义在十多年后成为现代主义争论的对立两极，尽管它们最终存在于同一历史时期，并被载入史册。

赖特用机智的话语和迷人的方式表达"歉意",讲述着这幢住宅的故事,使得忠实的跟随者们成为"回头客";而他则我行我素,行为更加离谱,设计的建筑更加不合常理。他也承认,相比于客户,他更感兴趣的是创作。他的道歉也掺杂着这样的色彩——"不这样,还能怎样呢?"他一直在关心自己的需要,追求表达自我的方式,而不是女主人的感受和要求——既已承认有罪,就应被赦免。以他的话说,房子是他在日本时,通过"代理人"建成的,施工、设计、建造等事务必须委托给他人。因为约翰在负责东京的项目,监理工作就委托给了他的儿子劳埃德和合作伙伴鲁道夫·辛德勒。不过,一旦出了什么问题,或者有任何令他不悦地方,他都会以近乎残忍的精确度指责他们,一一列出他们的不足。但是他也知道,错主要在自己。他习惯于在建筑过程中解决设计的实际细节问题,但是这次,需要他时他却总是不在现场。面对这种非同寻常的建筑,加之长年不在现场的建筑师,建筑商经常抱怨建筑过程中没有设计图可供参考,就只好根据惯常的做法与客户达成妥协,而客户再依次咨询他人,不断地由她的"朋友圈子"给出建议。就像赖特用半开玩笑半认真的语气批评的那样,他们关于建筑的知识就如同"索多玛①人对圣洁的了解一样少"。由于赖特完全沉浸在帝国饭店的建造中,因此他在"极度的疲倦中",让出了控制权。

更糟糕的是,身为建筑师的赖特和他的雇主在固执程度上足以匹敌。他的女雇主情绪多变、刚愎自用,而且早已习惯随性而为,得其所欲。这些任性而又富有的女雇主大多很难应对,艾琳·巴恩斯德尔尤为难缠。任何时候,只要她觉得自己的决定受到质疑,就会跑到地球上遥远的地方"透透气"。她的建筑师也同样行踪不定:当她在加州时,他在日本;等他回来的时候,她又到了其他地方。途中,"她会像轰炸机扔炸弹一样扔下一堆建议,然后逸入云端"。赖特甚至在想,既然她"待在家里的时间像天边划过的流星一样转瞬即逝",那她还要房子做什么?"尽管建筑师和雇主二人针尖对麦芒,蠢事不断,房子仍然在慢慢'成型'。"对赖特而言,房子所体现的建筑"理念"至关重要。他写道,这个从遥远的地方呕心沥血培育而成的"尤物",最终竟然"奇迹般地"建成了!

---

① 索多玛(Sodom)这个地名首次出现在《旧约》的记载中,是一个耽溺男色的淫乱之城。

艾琳·巴恩斯德尔在蜀葵屋并未待很久；她在任何地方着陆后都不会待太久。由于她对艺术"民主化"笃信不疑，又和当时的一些自由主义激进分子，比如艾玛·戈尔德曼过从甚密，她被人视为好莱坞的"布尔什维克客厅"。她过着奢华的生活，如隐士般住在坐落于山上的富丽堂皇、豪华奢靡的大房子里，远离城市与其他居民，这一切更加剧了她和其他人之间的对立。

令赖特惊愕的是，她突然"放弃了这一切"，将房子和土地捐给了洛杉矶市，市政府对是否接受这份馈赠犹豫不决，直到1972年在加州一个艺术团体的协调下才最终完成整个捐赠和接收过程。而这个加州艺术组织既没有采取相应的措施，也缺乏足够的专业人员来管理和维护整个建筑。由于未受到重视，又年久失修，房屋损坏严重。市政管理人员用铁丝网将这里团团围住，更是令这幢建筑不堪其辱。最终接手了这座房屋的修复和维护的公私联合组织，多年来一直因资金不足而显得捉襟见肘。

1922年7月，赖特自日本返美，他再也不能找回在塔里辛曾有的舒适与欢乐，因为自他离开之后，这里发生了很大的变化。芝加哥不再是探索实验的中心；创新的能量已经消失，比较保守的风格盛行于东部和中西部地区。他的各种关系也早已疏远，那些曾经热切地四处寻找他的客户都已成往事。米利安的躁动和其他症状似乎日趋恶化。凯瑟琳终于同意和赖特离婚，之后仅过了三个月，他的母亲安娜·赖特也于1923年2月离他而去。

他曾充满自信，以为东京帝国饭店的设计及其在地震中奇迹般的幸存，会令他名满天下，各种公司和其他机构都会蜂拥而至。然而，出乎意料的是，他发现自己和其他在国外待了太长时间的建筑师一样，都已经被人遗忘。在日本的四年，他已经几乎和美国完全隔绝。虽然他反复声称，自己才是现代主义建筑的唯一创造者，但他却被国际主义风格的拥护者们归为这种风格的先驱，而非真正的领导者。国际风早已从欧洲转移到美国，发展为20世纪30年代的知识先锋派。赖特从来都不是教条的现代主义者，他一反常规，在那些原创性建筑中注入自己对舒适感的理解。而他那随心所欲、想变就变的风格则更被现代主义教条的拥趸们视为同样不可饶恕的罪过。

然而，返美一年后，赖特就开始称帝国饭店和蜀葵屋的奢华风格是一种"放纵"；称自己偏离了先锋原则，采取了一种符合常规的花哨路线。其实,早在 1901 年,当他在"赫尔之家"发表演说时,就曾公开表示自己赞同机械化,而现在他则觉得自己必须遵从内心,重新回到标准建筑的进步理想之中。这种觉醒也许是源自推崇机器艺术的现代主义者们日益激烈的竞争;就像当年他嘲笑他们一样,他们现在促使赖特重新审视自己的方向。但他采用的依旧是自己的方式,所展现的也是自己的时尚。赖特的直接反应是放弃了蜀葵屋石膏浪漫曲的风格,转而采用一种预制"纺织块"的新型系统。但他更持久的贡献是那些建于 20 世纪 30 年代的美国风住宅,这种小巧且易于复制的住宅形制成了他的代名词。

如果说美国有哪个地方提供了利于创新的气候,那就是加利福尼亚。这里过去曾经是、现在仍然是充满机遇和变化的土地。赖特的儿子劳埃德 1910 年搬到了洛杉矶,他和欧文·吉尔共事,合作设计了一系列欧洲风格的建筑,并长期在此驻留。赖特认为西海岸是建筑设计的最后一块前沿阵地,蜀葵屋竣工后,他于 1923 年在洛杉矶开设了一个工作室。在劳埃德的帮助下,他于 20 年代前后又在加州建造了一系列装饰砌块式建筑。梅玛去世后,日本成了他的避难地,加州则是他逃离塔里辛梦魇的另一个去处。实际上,他又从头开始了。

这一次,他转向了最常见的可批量生产的材料——混凝土砖。他相信凭借混凝土砖能够以标准化的方式迅速建造出样式一致、价格低廉、外表美观的建筑。他要将这只丑小鸭变成白天鹅。这些混凝土砖将应用他所设计的抽象图案模子进行浇筑,不同构件之间由强化钢筋加固。表面图案多种多样,既有抽象的几何图案也有程式化的花朵图案;混凝土砖既可以使人联想到坚实的墙体,又可以被用作具有异国情调的镂空屏风。内壁和外壁之间的位置可形成隔热层。赖特将这种技术称为"编织",混凝土与钢筋的预制构件被用于替代将各种材料组织在一起的多层次的复杂过程,而这种过程极为耗时耗力。他认为这种标准化且部分预制的体系能够以低廉的成本被非技术工人使用。这种想法非常激进,毫不奇怪,其效果看起来与他的加州浪漫曲系列建筑一样。他将两者融合在一起。

就像许多其他的发明一样:理论的推理过程或许是无可辩驳地严谨,但是一旦执行起来就会显得问题重重;依靠廉价劳动力进行批量生产的梦想在现实中变成了对工效的过高估计。当技术不熟的工匠们被要求改进工艺的时候，问题就接踵而至了：工艺欠缺、工期延误、预算超支。好在，1923年至1925年间，赖特为查尔斯·埃尼斯、塞缪尔·弗里曼、爱丽丝·米勒德和约翰·斯图尔等人建造的编织式混凝土房屋都显得大胆而富于创意，房屋选址也令人印象深刻。埃尼斯的房子如同碉堡一般，立于陡峭的小山之上，显得气势非凡，个性十足。这种设计方式成功避免了后来的屋主们试图添设大理石和巨大的水晶吊灯，将其变得浮华奢侈的尝试。这些人试图与赖特对抗，但即使在他缺席的情况下也往往输掉战斗。弗里曼的家不那么厚重，板块式设计也更加开放，营造出一种低调、神秘、迷人的氛围。穿过赖特式的低矮、幽暗的入口，会突然来到一个光亮的空间，设计方式和奥克帕克的游戏室类似。一间宽敞的起居室里有一个角窗，角窗之间是隐隐相连的玻璃窗户。透过外观奇特的窗子向外望，是一片环绕四周的风景，驻足于此，顿生别有洞天之感。房子似乎沿着山边倾泻而下，好像是被郁郁葱葱的植被吞噬了一般。

赖特设计的其中一幢住宅是一项杰作——一项有瑕疵却令人惊叹，有缺陷却美得无可置疑的杰作。这幢私宅因样式小巧，又颇具西班牙-摩尔式①建筑特色，被赖特命名为"微型屋"。委托赖特建造的是爱丽丝·米勒德。她是个寡妇，也是个书籍、艺术品和古董收藏家，有着十足的韧性和超乎常人的耐心。如果说艾琳·巴恩斯德尔是个时隐时现的恶魔，爱丽丝·米勒德则是一个永恒的天使。她就像《圣经》中屡遭测试的虔诚信徒一样忍受着所有房子和建筑师带来的试错和磨难，而这些持续不停的折磨，其强度足以和《圣经》中圣徒们所遇到的媲美。

　　赖特没有选择原址重建，而是将房子建在两棵桉树依傍的"一个美丽的小峡谷"内。屋子坐落在这里，就像一颗宝石一样。房子的外观是沙黄色、孔状、质地粗糙的垒块，形制出人意料，外观宏伟异常。但这座房子的预制模块之间没有强化钢筋，而是用砂浆和砖石砌就。这项工程一开始就麻烦不断：施工困难、湿度过大、到处漏水。工期拖延和成本飙升时有发生。甫一竣工，暴雨从溪谷里倾泻而下，落至四面八方，房子内外都成了瀑

---

① 西班牙-摩尔式建筑（Spain-Moore），由于西班牙在历史上曾被伊斯兰教的摩尔帝国征服过近八百年，因而西班牙的建筑与其文化有着明显的关联性。

布。赖特的房子漏水并非新闻。那些住在错层别墅或乡郊别墅坚实屋顶之下的势利鬼们总对此津津乐道。对他们而言，冒险住在这种浪漫风格的建筑里并不划算。因为当时既没有硅胶密封物，也没有橡胶屋顶之类的产品。赖特的房子完全是就地取材，而当时的科技根本不能达到他设想的要求。他告诉米勒德夫人，错在建筑承包商，因为他们没有严格按照他的规格和要求执行。当然，建筑师也有错，因为他没有对正在进行的工程进行检查。先是有个承包商带着定金突然消失，因为毫无防备之心的米勒德夫人在去欧洲之前就把这笔钱给了他；之后请来的承包商则傲慢不已，当资金终于到位后，他却将这笔钱用于给自己建造一个精美的住处。赖特从他这位毫无怨言的客户那里听说漏水的情况后，为时已晚，只好声称他已经做了必要的补救。

屋顶漏水、工期延迟和成本超支都将成为赖特的客户所面对的无法改变的事实。对他那挑战传统的建筑而言，既没有现成品供模仿，也没有标准化的程序供复制。他的初期设计尽管在概念上已经完成，但还是要随着工期的进展而逐步完善。施工过程中出现的问题在建筑过程中会得到解决，随后总会出现新问题，而他总有办法解决这些问题。但任何有经验的客户或承包商都知道这样一个事实：任何其他方式的造价都低于这种方式——边建造边设计、随时都要支付各种"定时炸弹"般的额外开销；按照这样的方式建房子，想要计算最终成本，并严格按照预算进行几乎是不可能的。赖特的天赋、秉性和工作方式几乎无一例外会造成超支。在他看来，只要能够找到合适的解决办法，最终完美地竣工，多少时间和金钱都不足惜。就像他为了保证生活的质量而不断花费巨资去维系现状一样。这些想法往往优雅、简洁、合理，但是在执行过程中，成本增加和其他麻烦也常常接踵而至。

赖特不仅是一个创新者，更是一个事事亲力亲为的建造者——他是最后一位建筑大师，更是艺术史上的最后一个大师。他要掌控每一个细节，甚至包括户主应该如何在房子里生活，客户们不仅抱怨他的专制态度，也控诉他造成的不可预测的成本增长。要接受这些前无古人的设计和未经证实的科技带来的错误与尝试，客户需要拿出巨大的信念，有些人觉得这种经历为生活带来了质变。

1923年11月，与凯瑟琳离婚后的法定等待期过后不久，赖特就和米利安·诺埃尔结了婚。婚礼在夜晚举行，具体地点选在塔里辛威斯康星河上的一座桥上。这次浪漫的婚礼丝毫没有改善他们之间的关系。人们不禁要问，为什么经历这么多痛苦之后，赖特还是要做出婚姻的承诺？在和这位性格倔强的女人相处时，为什么他总会选择顺从？但可以推断的是：尽管他在别人那里声名狼藉，他仍然是老一代绅士中的一员，因为只有绅士才会为自己的行为感到内疚。他知道是他造成了她的痛苦，他们之间发生的一切终究是他欠她的。无论他多么强烈地捍卫自由与开放的关系，作为那个时代的男人，他明白一个女人因为和一个男人未婚同居而牺牲了社会声誉和地位，那么他，这个男人，才是应该被社会摒弃的对象。他在《一部自传》中也做出了类似的告解。如果这样的事情发生在五十年后该有多么不同！妇女解放和性解放使"在罪恶中同居"的说法变成了老旧的怪诞礼俗之后，这一切都显得多么无关紧要，不值一提。他还觉得婚姻或许可以使她平静下来；事与愿违，她的状况在婚后不断恶化。显然是内疚驱使着他去拜访一位心理医生，希望为她乖谬的个性和令人难受的行为寻找医学上的解释，以求为自己情感上的不安开脱。据他说，医生的告诫是：

为她好就应该放手,"以免"她受到自己破坏性冲动的伤害。几个月后,米利安离开了塔里辛,结束了两人的婚姻,医生的建议或许使赖特有充分的理由对她的离开感到如释重负。

没过多久,他的身边又有了新的女性相伴。米利安离开后,他就结识了奥尔加·拉佐维奇·辛森伯格。这位女子不仅年轻貌美,而且来自一个显贵的蒙特内哥罗家庭。她的身上散发着艺术和神秘的气息,令赖特一见倾心。相识时,他们都在芝加哥观看一场芭蕾舞演出。当时她刚从巴黎来此,目的是和与她分居的丈夫瓦尔德玛·辛森伯格讨论商务事宜。瓦尔德玛是俄罗斯建筑师,当时已经移民美国。奥尔加当时二十六岁,赖特则已五十七岁。她的青春活力,乌亮的眼睛,松散着滑落在脸旁的乌黑头发,还有那颇具民族特色的着装风格,早已超越了时尚——这一切都与米利安那浓妆艳抹的夸张风格形成鲜明的对比。她战后就离开了自己的丈夫,与她年幼的女儿斯韦特兰娜一起去了巴黎。在那里她成了格奥尔基·葛吉夫的追随者。葛吉夫是位魅力十足的精神生活领袖,创立了人类和谐发展机构。奥尔加瓦娜——赖特一直这样称呼她——曾以学生和教师的身份，在该机构位于巴黎枫丹白露的总部跟随葛吉夫数年。在这里，她接受了一种极其考验精神和肉体的修行方式。这种方式将哲学、神秘主义、音乐、诗歌、运动和舞蹈等与辛勤工作、斋戒以及少量睡眠结合在一起。这种磨炼使她后来能够承受和赖特一起生活的压力。几个月后，大约是1925年春，她就开始与赖特同居。来到塔里辛后不久，她就跟丈夫离了婚。

赖特的事业和名声都在逐步恢复。他承接了足够多的工程，能接纳很多的制图员。很多欧洲年轻人蜂拥而来，希望能够有机会在他的工作室与他一起工作。其中一位是来自奥地利的建筑师理查德·努特拉。他后来因为在加州设计出时尚的现代主义房屋而获得了独特的声誉。工作室的展示板上标记着几种不同的工作：为芝加哥一家保险公司设计摩天大楼、麦迪逊乡村俱乐部，以及一个汽车登高观象台。在当时，人们只能在周日开车去教堂听牧师布道。能够以螺旋式的方案设计观象台一直都令赖特十分着迷并沉浸其中。这是他们早期设计的作品。这种螺旋式的概念在三十年后为纽约的古根海姆博物馆所实现。

他的作品出现在德国和荷兰的重要出版物上；荷兰前

卫杂志《温廷根》(Wendingen)为他做了特写报道。这篇报道后来被拓展成了一部题为《美国建筑师弗兰克·劳埃德·赖特的工作与生活》(The Life-Work of the American Architect Frank Lloyd Wright)的专著,由荷兰建筑师韦德·菲尔德撰写。对当时的赖特而言,前途可谓一片光明。然而,没过多久,这一切就开始分崩离析。1925年4月,塔里辛发生了第二次火灾。这一次是因为线路问题。整个生活区再次被完全摧毁,许多在他旅日期间收购的古老而稀有的物品都被烧毁殆尽——因为难以抵御这些艺术品的诱惑,他当时都是用现金购入,而不是之后再偿还账单。为了筹集重建塔里辛的资金,他不得不抵押自己拥有的一切:房子、工作室、土地、牲畜以及他的全部家当。此时,他在1914年大火后重建的债务仍未偿清,新债压着旧债。

这年7月,距离米利安离去已有一年之久,赖特以遗弃为由发起离婚起诉。刚开始时,诉讼程序悄然进行,但当米利安发现奥尔加瓦娜在塔里辛生活后,情势立马发生了逆转。米利安得知奥尔加瓦娜怀有赖特的孩子后怒不可遏,怀着强烈的怨恨展开了激烈的侵扰行动。她首先试图以奥尔加瓦娜是侨民的身份迫使她离开医院,而此时的奥尔加瓦娜产后元气大伤，仍然处于恢复期。有一次，米利安情绪失控，设法拿到了对赖特的逮捕令，然后闯进塔里辛，声称这是她的家，并将一切能打碎毁掉的东西统统破坏，直到被人强行带走。她提起离婚反诉讼，声称遭到了赖特家暴。1926年8月，她以插足家庭、离间亲情为由起诉奥尔加瓦娜，要求对方赔付十万美元——这在当时近乎天文数字，但该诉讼最终被驳回。

同年夏末时节，因不堪米利安变本加厉的法律诉讼和威胁，同时又迫于塔里辛日益增多的问题，律师建议赖特暂时避开一段时期，直到婚姻官司完结、一切问题尘埃落定后再返回。赖特接受了这一建议，带着奥尔加瓦娜和两个孩子——斯韦特兰娜和出生不久的艾瓦娜——躲到了位于明尼苏达州的一幢湖边小屋。但是他们在这里隐姓埋名的愿望还是落了空，因为他们"凭空消失"，而且还带着"私生子"，这一切引来了媒体的大肆渲染。报道中什么都有——偷情，婚外孕，充满愤怒、立志复仇的妻子，诉讼与反诉讼，债款纠纷，法律官司。米利安"当仁不让"，为媒体提供了各种说法。新闻报道满是夸张的标题，称这对失踪的夫妇是"正义的漏网之鱼"，说奥尔加瓦娜是"蒙特内哥罗的舞女"。此时的米利安和奥尔加瓦娜的前夫聘请了同一个律师（有人怀疑是米利安狂躁的复仇心理促使她这样做）。奥尔加瓦娜的前夫辛森伯格宣称自己的女儿斯韦特兰娜已遭"绑架"，而且展开了争取监护权的行动，理由是奥尔加瓦娜道德沦丧，不配做母亲。他还起诉赖特破坏他人家庭，离间他人情感。

令人难以置信的是，赖特竟然两次犯下同样的错误：把未婚先孕的奥尔加瓦娜从威斯康星带到明尼苏达的藏身之处后，他第二次被控"出于不道德目的跨州走私妇女"。两个月后——10月下旬——他们被发现，遭控通奸以及违反《曼恩法案》，二人双双被捕。赖特、奥尔加瓦娜和嗷嗷待哺的婴儿，还有年幼的斯韦特兰娜都被带走，关进了亨内平郡的监狱。他们在吱呀作响的狱门之内被关了两天，两人分别在不同的牢房里，旁边是尚算友好的狱友。到了第二天晚上，赖特已经成了狱中的名人。为了表示对他地位的认可，监狱长派人为他换掉了肮脏的床垫，还清洗了牢房。第二天，他成功地联系到一位律师，获得保释。被释放后，他主动提出要给他同监的狱友买一份猪排和土豆泥做晚餐，但他们是否收到了这份礼物则不得而知。后来，《曼恩法案》的指控被撤销，奥尔加瓦娜和辛森伯格共同获得了斯韦特兰娜的监护协议，达成和解。但赖特的恶名早已尽人皆知，登峰造极。当他试图获得人身保险时，遭到了拒绝，只因他过分张扬。

与此同时，最坏的事情正悄然降临。1926年9月，当他还在为债务东躲西藏时，威斯康星州立银行因他没能按时偿还塔里辛的按揭贷款，宣布取消抵押品赎回权。此时的赖特别无选择，在银行的坚持下，他被迫将他的日本版画藏品拍卖。他最宝贵的版画被送往纽约画廊。在那里，这些版画的售价远低于其实际价值，贪得无厌的画廊还抽取了百分之三十五的佣金。米利安宣称自己是赖特财产的共有者，企图分一杯羹，但银行扣押了这笔钱。尽管如此，这笔钱还是远远不能偿清他欠的所有债务。

这一次又是威斯康星州立银行扮演了恶棍的角色，他们决定禁止赖特留在塔里辛，直到他还清债务为止。在此之前，银行已经做了安排，接管了看护房产的员工，赖特则正式被赶了出去。赖特、奥尔加瓦娜还有他们的孩子，这一次是真的无家可归了。他们在加利福尼亚州拉霍亚海边的一间小屋里度过了1926年的冬天。米利安又一次尾随他们来到了这间小屋,像上次一样,她砸碎了自己能砸碎的一切。无论奥尔加瓦娜在跟随葛吉夫时受到了多么好的忍耐力训练,她此后也再没有完全从艾瓦娜出生之际所遭受的各种打击中恢复。她变得身体虚弱,瘦骨嶙峋。1927年春,他们去纽约为被赶出家门一事发起诉讼。威斯康星州立银行已经卖掉了塔里辛所有的家畜,并准备拍卖一切。当年5月,赖特的新律师菲利普·拉·福莱特,后来的威斯康星州州长,安排银行给予他一年的宽限期,并允许赖特回到塔里辛工作。但银行却做出了只有在维多利亚时代情景剧中才有的决定:他们不允许奥尔加瓦娜与赖特"非法"地住在一起,因为他们还没有结婚,而银行不能纵容或为这样的罪责提供资金支持。

和米利安的离婚终于在1927年8月完结——此时她精神错乱的状况已广为人知——但根据威斯康星的法律,赖特仍然要等待一年再结婚。拉·福莱特和赖特的朋友们帮着支付了给米利安的赔付费和赡养费。拉·福莱特建议,为了审慎起见,赖特和奥尔加瓦娜最好能够分开一年,直到离婚一事"完全解决",此间,赖特可以在塔里辛复工。但是他拒绝了,因为他此时想要还清自己的债务简直是毫无可能。情急生智，他们想到了一个孤注一掷的办法，并开始付诸行动——至于这个想法是出自狡猾的赖特，还是他的律师苦思冥想的结果，就不得而知了。他们的计划是：为了保护他和他的收益不被诉讼和债权人占有，以便有望重整和控制他自己的业务，他的朋友们为他注册投资了一家名为弗兰克·劳埃德·赖特公司的企业。虽然大家都知道这是一个糟糕的投资，但始终抱着乐观心态的朋友、客户和家人还是认购了该公司的股份。乐善好施的达尔文·马丁慷慨捐助；在各种背景的股东中还有剧作家查尔斯·麦克阿瑟、评论家亚历山大·伍尔科特和赖特的妹妹玛格奈尔。这是一次大胆的尝试，但他们始终没能帮助赖特从混乱的财务网络中摆脱出来。有一次，因为离婚协商需要找到状况糟糕的米利安，赖特的这些捐助人问他米利安的下落，他竟然不知道。不知所措的达尔文·马丁只好对和他一样有耐心的哥哥说："只有弗兰克才会如此粗心，以至于丢了妻子都不知道。"

就在所有人都以为最糟糕的时刻已经过去时，更糟的事情发生了。威斯康星州立银行发现赖特带着奥尔加瓦娜一道回到了塔里辛，就告知他无权继续在此地居住或工作，因为"房产被用于不道德目的"。"贷款方非常愤怒，"赖特写道，"由于贷款条件不允许，我们被要求离开塔里辛。"他们一家又变得无家可归。这一次是阿尔伯特·蔡斯·麦克阿瑟出手相助。阿尔伯特·麦克阿瑟以前曾在赖特的工作室当过学徒，当时仍然非常年轻的他正在凤凰城为自己的兄弟查尔斯和小沃伦设计一个新的豪华酒店——亚利桑那比尔特摩酒店。在赖特如罗生门①一般扑朔迷离的一生中，再次出现了同一个故事的不同版本——读者需要自行决定哪个是真的：或许当时是因为担心年轻的阿尔伯特经验不足，请求赖特帮忙，也或许就像赖特写的那样，阿尔伯特自己写信向赖特咨询，询问是否可以使用装饰砌块建筑系统来建造这个酒店。据说，赖特给麦克阿瑟回信称那是个很棒的想法，而且他本人将非常乐意以顾问的身份，带着家人一道去亚利桑那长期居住。双方在 1928 年初签了合同，赖特被邀请前往亚利桑那。至于赖特究竟在多大程度上扮演了顾问

---

① 《罗生门》（*Rashomon*）是 1950 年由黑泽明执导，根据日本作家芥川龙之介的短篇小说《筱竹丛中》改编而成的电影，讲述了由武士被杀而引起的种种事情，后常以"罗生门"指代事后无法说清、各说各话，真相不明的情况。

的角色，又在多大程度上充当了实际设计人，则不得而知。酒店的设计被归功于麦克阿瑟。赖特遵循职业操守，只是居于幕后。有些对赖特的混凝土模块系统心存怀疑的建筑工在墙体后面嵌入了传统的建筑材料，而且还加盖了第四层。尽管赖特强烈反对这种做法，他却因身为顾问而无权推翻他们的决定。

与此同时，在塔里辛，闹剧继续上演。由于赖特未能在银行规定的期限内偿清余款，银行取得了这块土地的所有权和所有的房产，并宣布于1928年5月底进行拍卖。然而，由于拍卖未能吸引到投标者，随后银行又收回财产拍卖公告，允许弗兰克·劳埃德·赖特公司筹集资金赎回。8月，这对屡遭不幸的夫妻终于可以不受法律的干扰、自由结婚了。手工着色的婚礼请柬顶部印着时年已两岁半的艾瓦娜的照片。这对新婚夫妻在凤凰城度了蜜月。9月，公司筹齐了银行所需资金。10月，这对新人终于回到了塔里辛的家。一年后，即1929年，赖特的第二任妻子米利安·诺埃尔生病去世。赖特自1914年惨剧以来所经历的一段磨难终于结束，而他自己也失去了整整四年的工作时间。

第九章

这显然不是一个重新开始事业的好时机，1929年10月，随着股市的崩溃和经济大萧条的开始，20世纪20年代的繁荣经济突然终止，并带来了一系列灾难性的影响：很多建筑项目只能作罢，已经起建的工程也要搁置数年。无可避免地，赖特的一个很有前景的项目也因缺乏资金而中止。这个项目的委托者是亚利桑那的一位企业家和先锋者——亚历山大·钱德勒博士，他掌管着大片的沙漠土地，想要建一个奢侈酒店——沙漠中的圣马科斯。为了使这个项目能继续进行下去，赖特花了大部分时间为这个方案写策划、做宣传、搞设计。

但是，在亚利桑那的经历确实是激发赖特一系列选择和灵感的转折点。在这个过程中，冥冥中的缘分照例起到了至关重要的作用。钱德勒和赖特在1928年就曾见过面，当时赖特正投身于亚利桑那比尔特摩酒店的项目。两人一见如故，惺惺相惜。钱德勒的私有财产包括以自己名字命名的亚利桑那钱德勒小镇，以及当地著名的圣马科斯酒店。他希望可以将圣马科斯酒店升级为一个可以和亚利桑那比尔特摩酒店相媲美的高档酒店，所以当时一直想寻找一位心仪的建筑师，碰巧这时他听说赖特在凤凰城。赖特和这位老人有相同的抱负，也和这位老人一样热爱沙漠这片土地——沙漠的色彩和光泽，炽烈的阳光，无垠的天空，奇特的岩层，绵远的山脉，沙漠巨型仙人掌，还有奇特的开花植物都让他震惊和着迷。早在之前的几次参观中，赖特就被沙漠的魅力所倾倒，后来在为建设比尔特摩酒店做咨询的过程中，这种令人震惊的美对他的吸引更是愈来愈强烈。正如雷纳·班汉姆在20世纪60年代的一篇文章中所写，从很多方面来讲，沙漠之行对赖特来说都是启发性的经历，并且改变了他一生。

1928年春天，赖特开始着手沙漠中的圣马科斯项目，并于同年夏天在奥尔加瓦娜的陪伴下一起完成了设计工作，由于当时二人仍被禁止回塔里辛，只能暂居于拉荷亚，所以设计工作是在此地完成的。设计图随后交给钱德勒过目，当时钱德勒夫妇二人刚在9月完婚，正在亚利桑那度蜜月，随后两人就签了合同。10月份，赖特夫妇终于可以回威斯康星了，但是和钱德勒签署的协议要求赖特在工程实施期间必须待在亚利桑那，于是在1929年1月初的暴风雪天气中，赖特将住处和办公室搬到了亚利桑那，打算在工程实施期间一直住在这儿。同他一起的还有十五个随行人员，包括他的学徒、工人、家人以及孩子的保姆。由于没能找到实惠的住处，他就在盐岭山附近钱德勒的土地上为他们建了一个临时营地，并以墨西哥刺木丛的猩红色花朵将此处命名为"墨西哥刺木营"，这个营地正是位于斯科茨代尔附近西塔里辛的前身，每年冬天赖特都会从威斯康星带领学徒来此地过冬。

在钱德勒寒冷空旷的办公室里，赖特很快画好了营地的设计草稿图。他是将画板放在盒子堆上完成的，学徒们在一边传递绘图工具——条件就是如此艰苦。第二天一早，在沙漠中绵延的群山上，在布满朝霞的天空中，太阳冉冉升起，赖特一行人便开始营帐的建造工作。一想到营帐搭建好的场景，他们就异常兴奋。在沙漠中寒冷的早晨，他们一边唱歌一边发抖。后来赖特回忆说他们当时吃饭的餐厅宽六十英里，与天宇同长，与苍穹等高。

他们建了十五间小屋，用木板墙围成一圈，屋顶的材料是帆布，相互连接的木板墙围成了一个有棱有角的区域，中间是营火，旁边是提高的座位。他将墨西哥刺木开出的红花画在末端盖板上。赖特后来写道："整个营地就像是一群有猩红色翅斑的硕大蝴蝶"，"优雅地栖息在从沙漠里冒出的黑色砾石上",又或像是"一种新型的沙漠舰队……一艘艘战舰从平顶的峭壁上冲下"。

通过沙漠这面镜子,他看待事物的视角发生了很大的变化。"头顶上是白得发亮的帆布……经帆布滤过的漫射光布满小屋,与沙漠是如此契合……我一想到美国中西部建筑加在人头顶上不透光的厚重天花板,就有一种压抑感……但是很多类似的建筑已经使我们审美疲劳、想象力枯竭,一味的相似只会在演出之前就合上帷幕。"他认为,直线应当变身为"不连贯的虚线",舒展的平面应当"拥有肌理。因为在令人震撼的沙漠里,找不到一条生硬笔挺的直线"。帐篷的光度、力度和对称度展现了一种新的建筑方式,即:非对称,不寻常,打破传统。

赖特又一次妙用了大自然,将环境、主题和装饰图案转换为诱人的景点。他为圣马科斯设计的表面从上至下布满连贯的锯齿状条纹,其灵感来源于沙漠里的巨型仙人掌。他说道:"每个平面都布满横纹,其图案就像是巨型仙人掌,整个建筑就是这片山区的一个亮丽风景线。"与之前加利福尼亚的建筑相比,这个项目不管从结构上还是从美学上都大大发扬了他的"混凝土砌块体系"风格。通过在实地进行研究和搭建模型,赖特用块体来构建整体完整的样式，而非将它们视为重复的个体单位。建筑呈高度递降的阶梯状，给每一个房间留出阳台的空间，以便有足够的视野观景，这种建筑结构后来成为景点旅馆普遍采用的模型。同样地，他也将巨型仙人掌的模型应用到位于纽约的圣马可大厦项目中，据赖特说，这个公寓木楼的内部结构和巨型仙人掌是一样的，"它内部竖直的主干支撑着巨大的躯体，屹立不倒长达数百年"。赖特将巨型仙人掌称为"加固建筑结构的完美示范"。

但是圣马科斯酒店的建设未能如人所愿，由于10月份股市暴跌，钱德勒未能筹到足够的钱，赖特所指望的四万美元设计费用也就和这项工程一样化为泡影。同时，塔里辛又添了一万九千美元的债务。赖特一定是一个彻底的乐观主义者，要不然他就是对于自己的抱负有钢铁般的意志，对于自己的天赋和使命深信不疑。没有什么项目会真正完全失败，也没有什么任务一定是徒劳无功，在他看来，这都是在孕育未来的成功。即使是像墨西哥刺木营这样的临时帐篷，他也会从中学到东西或发现独特的视角。但赖特一个季度后重回塔里辛时，墨西哥刺木营就消失了，赖特说："那些当地的土人将它们都推倒了。"

雷纳·班汉姆将赖特的沙漠之旅以及在沙漠度过的时光称之为"荒野岁月",在这段时间里,他经历了真正的荒野风光,也经历了精神上的放逐——事业孤立,背井离乡,无所依靠。班汉姆写道:"如所有的人一样,沙漠使他震撼,不仅因为沙漠极致而又残酷的美感,还因为沙漠的不可接近性。"作为一个来自美国中西部郊区的流放者,赖特所到之处遍及欧洲和亚洲这样的古老文明之地,但对他来说,沙漠之行却是充满力量、激发灵感的自由体验。根据班汉姆所说,这种体验所产生的是一种新的自由,一种对传统规划的否定——"从轴对称,直角和集中区域中脱离出来",不再受限于他在早期作品中所用的传统几何学。他的发展轨迹逐渐趋向于如美国式住宅一样轻巧和实用的建筑,他的后期作品也充满了想象力。

进入 5 月,气温升高,蛇和其他冬眠生物开始侵扰营地。赖特买了一辆二手帕卡德牌敞篷跑车,"头顶空空地"载着一家人返回威斯康星。行程迂回曲折,仿佛没有尽头,赖特因没有规划路线而颇受埋怨。他们一行人辗转从亚利桑那到芝加哥,又到纽约,在纽约他询问了圣马可大厦的项目,得知该项目也因加剧的经济大萧条而惨遭厄运。到20世纪20年代末为止，赖特已经有了稳定的国际形象和名声，但他这些年的业绩对于他和他后续的职业生涯而言，只是空窗期而已。

在职业生涯进入最低谷的那几年，他还要和奥尔加瓦娜一起躲在明尼苏达州湖边的小屋里躲避法律和债权人。这个时候，在奥尔加瓦娜的催促下，赖特开始着手写《一部自传》，这本出色的自传后来修订出版了两次，半遮半掩地回忆了一些往事，真真假假的事情交织在一起，充满创造力和情感的发泄。其中有生平自述，有哲学思考，有些叙述会给予读者美的享受，但也有挑战读者耐心和理解力的道德和美学说教。该自传以路易斯·沙利文和亨利·亚当的自传为模板，模仿惠特曼的散文，充分展现了赖特的个人风格，但是在文学批评界却颇受诟病。不过书中很多对地方、风景和名胜的描述格外出色。书中所表现的，是赖特眼中的自己，也是他想让别人认识的自己。不管他的文字是真是假，都让我们最近距离地认识了这个复杂、才华横溢、专注、自我、自傲、自负、自欺欺人、四面楚歌的男人。然而，真正由他本人表现出来的，是消解了他夸张的表演，又时刻伴随着他最离谱的行为和言论的魅力及才智。

《一部自传》于1932年出版,在当时的世界背景下,文化和艺术的流行趋势已经发生改变,这并不是说赖特的天分不被认可,或是他的作品不被尊重,而是他的成就已被看作过去式。他当时已经六十五岁,在这个年龄的很多人已经退休了。三十五年来,他创造了许多具有创意的著名建筑,职业生涯已非常圆满,完全可以功成身退。面对日新月异的变化和发展,他表现出源源不断的才华,但是没人想到他还会有后续的佳作。年轻一代将他视为古怪又暴躁的老头,认为"属于他的时代已经过去"。1932年,他没有工作,没有发展前景,但这也是整个建筑行业的普遍状况。他也没有钱——对他来讲这很正常——其他人也同样如此。赖特欠了一屁股债,对躲避债主很有一套,甚至会让他们相信,自己并没有错,而是他们算错了钱,而且讨债的时间也不合适。他一直相信,钱这东西该来的时候就会来,同时他又以自己傲慢而不失魅力的态度连求带骗地维持生计,而且认为这并无不妥。

因为没有其他营生,他开始扮演起老年政客的角色,广泛地写作,发表演讲,并且获得了他认为迟到的荣誉和邀请。1929年,位于柏林的德国艺术学会授予他"杰出荣誉会员"称号;1930年,他在普林斯顿大学参与卡恩讲座[①]，讲座内容在第二年以《现代建筑》为名整理成书。他和奥尔加瓦娜是里约热内卢的泛美联盟特约会员，在这里他曾担任哥伦布纪念碑设计竞赛的评委。1931年，一场在伦敦举办的展览追溯了他的作品，这个展览随后又在阿姆斯特丹、布鲁塞尔、法兰克福、柏林等城市展出。

但是在1932年，随着新建的现代艺术博物馆声名大噪，他逐渐成为历史。评论界以及同事对自己的不公和背叛一直让他心生怨恨，这些情绪在这座博物馆开始筹办历史展览时，逐渐深化为愤怒和内心的伤害。这次展览的主题是"现代建筑：国际展览"，组织者是一个叫菲利普·约翰逊的新手，后来他成为建筑界的权威人士和风向标；还有年轻的亨利-拉塞尔·希区柯克，他是杰出的建筑历史学家，当时刚刚开始自己的职业生涯。在当时的环境下，无论对于世人或博物馆，新潮或现代的代表都不是赖特，而是从那时起就被视为国际范儿的欧洲运动。这个展览颂扬了勒·科布西耶、沃尔特·格罗皮乌斯、密斯·凡·德罗、德国包豪斯建筑学派、荷兰风

[①] 卡恩讲座（Kahn Lectures），纽约银行家奥托·卡恩赞助举办的一系列艺术主题讲座。

格派运动(De Stijl)、奥地利的理查德·诺伊特拉等等,还有一些醉心于欧式建筑风格的杰出美国建筑师。

由于赖特的作品并不符合这次展览所规定的狭隘武断的建筑风格,即机器-艺术现代主义,两个馆长不确定如何处理赖特的作品,干脆将其直接忽视。但迫于要尽量强调美国作品的要求,他们又重新考虑了赖特的作品;赖特起初拒绝参展,后来和馆方来来回回进行了多次协商。"我觉得我和他们谈不来,也和他们的目标不一致。"他在给约翰逊的信中这样写道,信里充满了人身攻击和高标准的个人标榜。他承认自己是一个爱惹麻烦、不妥协的自大狂,但也表明还是要对得起自己的名誉,他嘲讽约翰逊和希区柯克这些建筑师选择的"剪纸风格",并斥责他们"以自己偏爱的个人作品大肆渲染,道德败坏"。他总结说,"从建筑的角度来讲,我发现自己不受国家的限制,"又补充道,"我没有理由与你们为伍来违背我自己的建筑和行事原则……我至少还不会出卖自己!"

最终,他的作品被安排在住宅展区,赖特还挑衅地准备了一套"平顶山上的住房",以此表现他根据他们的定义和自己的定义对现代主义的驾驭能力。一直到展览结束，他都对参加这个展览既抗拒又后悔，和博物馆人员之间也时有摩擦，但该博物馆后来举办了多次关于他的作品展览。约翰逊一直不承认赖特是19世纪最伟大的建筑师，之后也改变了自己对赖特的评价。

但是，正如尼尔·莱文所说，赖特和那些推崇与践行"国际式"风格的建筑师之间的确有着根深蒂固的分歧。莱文写道："国际式风格的现代主义推崇几何学的抽象感，而赖特的作品却充满高度形象化的自然主义；与所流行的欧洲机械功能主义相反，赖特推崇浪漫表现主义；与他们推崇的规范化相反，赖特推崇针对特定场域和材料的局部主义；对于规则化城市布局的集体视角，他反对以美国典型的土地开发利用模式为基础的实用个人主义。"

赖特一直在强调自己为探索真正的美国建筑方式而做出的努力，也一直以创造了美式建筑风格而自居。他认为自己的作品体现了时空的真谛，同时反对文化精英推崇的欧洲现代派所表现出的肤浅时髦的"折中"风格。他追求的是将自然和建筑合二为一的有机建筑，他强调场地、材料和能够唤起感情的细节，与他对手设计的外表耀眼又光滑的机械艺术风格相比，他的建筑形式以及温馨易懂的家庭概念中传递的象征意义都使他的建筑看起来更加老派。大家都称他为传统主义者，更糟糕的是，尽管"新派传统主义者"这个称呼是对他创新能力的认同，却同时也将他归为历史的一部分。他一直保持着这种矛盾的风格，并且一有机会就嘲讽他的欧洲"敌人"，揶揄他们的设计看起来就像"无菌手术室"的建筑。但是他内心的真实感受一定很复杂，因为如果对方有天赋的话，他是会承认的。在理查德·诺伊特拉和他成为公开敌人之前，他就很仰慕他设计的位于洛杉矶的罗维尔别墅。就像过去他对每次外部刺激做出的回应一样，他继续学习、借鉴、吸收一切他感兴趣以及与他持续发展的个人风格相关的东西。

当然，他不会接受博物馆的评价，他最近的婚姻已经持续了四年，并且有了一个小宝宝，他比从前更相信自己可以设计出新的重要建筑。他是一个不知疲倦的工作者，甚至连年轻人都比不过他；同时他也是个恶名远扬的幸存者，他的一生都在对抗悲剧、困境，永远我行我素，锲而不舍。他比从前更努力地捍卫自己作为艺术家和创新者所应得的地位。

作为一个技术纯熟的大众媒体投机操纵者，他继续对个人、对媒体发起攻击。他谴责文化知识领袖的罪行，主要因为他们不承认他是真正建筑的唯一代表，他也攻击建筑行业对有机建筑的排斥。随着不公和多疑情绪的逐渐积累，他树敌的名单范围也逐渐扩大，从巴黎美术学院和包豪斯建筑学院扩大至美国建筑协会这样的行业组织，后来甚至包括所有的承包商、律师、房地产代理商、银行家以及客户的妻子。他的观点总是尖锐刻薄，充满争议，并极度个人化，屡屡成为媒体的谈资。无知也阻止不了他，因为不管他对一个话题了解与否，都可以目空一切地夸夸其谈。

他很享受自己的曝光度，尽管他对于事实漫不经心的态度已经降低了他公众形象的严肃性。据雷纳·班汉姆总结："赖特主要依仗自己的个人魅力，较少依靠逻辑和文献信息。"为了确保他自认为应得的关注，赖特一直宣称自己是美国最伟大的建筑师，随后，又大言不惭地说自己是全世界最伟大的建筑师，最终甚至升级为永恒的最伟大的建筑师。这些话到底有多少是他自己真正信服的呢？大家都怀疑，他自己大概真的这么认为，并且发现这种做法对引起大家的关注、争论和回应很有效。他对自己的才能和信仰深信不疑，并且可以保持对其绝对忠诚、绝对投入。但是受19世纪以爱默生和罗斯金为主导的传统浪漫主义影响，赖特秉承的将工艺和精神融合在一起的半神秘主义思想得不到新一代建筑师的回应，对于他们来说，伟大的维多利亚时代已经失去了意义，所以他们也就理解不了赖特进行的创新产生了怎样深远的影响，也不知道这种影响会怎样持续下去。功能主义的先导们认为赖特已经过时了，赖特从大自然中获取灵感，而他们从工业和技术中获取灵感。他已脱离于时下的文化趋势，以及受其影响的艺术和社会领域。

赖特有一个忠实的救星——达尔文·马丁，也是他最好的赞助人和好朋友，但1935年马丁去世后，对赖特的长期资助也就提前结束了。不过赖特从来不会让自己的计划停滞，他决定转而做导师，不做老板了。当然，当时的他也没有任何委托项目或雇员。他一直都在依靠蜂拥到他工作室的有才华的青年男女替他工作，现在则用学徒来替代雇员，让他们"以做代学"。不同于需要支付薪水的雇员，学徒需付费来获取跟他学习的机会。所以，到了1932年，由于他的聪明才智和迫切需要，他想出了一个致富的好办法，至少可以保障塔里辛项目的正常进行。利用从前作为葛吉夫的弟子以及教师的经验，奥尔加瓦娜帮助赖特成立了塔里辛学徒会。

就像赖特的一贯风格那样，学徒会的实际情况远不如设想中那么高端；出于现实的考虑，他不得不缩小学徒会的规模和范围。他踌躇满志地写了一份介绍书并分发给众人，吸引来了七十个学徒，每人每年需付六百五十美元加入这个团体，费用涵盖食宿、获得与住在这里的杰出艺术家互动的机会（这些艺术家在舞蹈、陶器、编织或其他艺术领域中都有优秀表现），以及通过近距离和赖特接触学到一些建筑学知识。该学徒会在物质和经济上完全属于自给自足。介绍书描述的是一个同心协力、自得其所的小团体，每天四个小时——早上两小时和下午两小时用来做农活和家务，其他时间主要用来提高团员的艺术品位和客观思维能力。学徒们需要自己种粮食，自己建房屋；自己动手搭建的宿舍和工作间也是他们"以做代学"的一部分。晚上，学徒会也有一些娱乐生活——由那些有音乐天分的人举办演唱会，同时也会邀请一些嘉宾来表演或演讲。赖特一直强调说他的指导方式会不同于传统教育，他反对在建筑学校学习，认为在那里学习既无法提高实践能力，也不能提高艺术品位。

而且他公然在那些学校做宣传，呼吁其中的反叛者加入学徒会开始"全新的人生"。申请者可以在学徒会获得全方位体验，以满足他们的精神和实践需要。

但是他很快发现住宿空间容不下七十个学徒了——赖特便计划重建被舅母弃置在山坡上的希尔赛德家庭学校，由于这项工程需要花点时间，学徒的数量被迫减到了三十人，同时学费涨到每年一千一百美元。宿舍很快住满了，还有很多待选的申请者，尽管赖特已明确说明申请者能否通过申请完全取决于他的个人意愿；接受考核的是每个学徒，而非学徒会。他允诺了一种乌托邦[①]式的冒险，描述了一个和谐民主的集体，充满自由，又纪律分明。

事情又一次出现了两个版本，学徒会要么是一个纯粹服务于赖特个人利益的巧妙陷阱，要么是为他一生的建筑事业做的深厚铺垫。这是一个通过利用学徒们渴望获得赖特所承诺的建筑学教育（后来并未实现）的心理，用契约束缚他们为他所劳役而制造的无耻骗局，要么是一个独一无二的文化性和创造性体验，使这些幸运儿得

---

① 乌托邦（Utopia）指虚构的理想型社会存在，由英国空想社会主义创始人托马斯·摩尔在其书中首次提出。

以近距离观察当下最伟大艺术家的所看、所做、所想。这里既是志趣相投的人一起培养技能、获取灵感的温室，又是等级森严的集中营，赖特只是松散地管教，而奥尔加瓦娜却严格监控他们的一举一动。学徒会的诋毁者和背叛者把这种方式称为奴役，无辜的受害者在这里付出劳动，还要付费为这里的主人提供他原本担负不起的资本。学徒们对于学徒会的态度走向两个极端，一些人看到的是灵感，一些人看到的是剥削，一些来了就再也没有离开，一些很快就退出了。

但是学徒会培养出的建筑师很少：在经济形势好转之后，学徒会完成的项目也都还有赖特的影子。有旁观者指出，与学徒相比，还是早期被吸引到赖特工作室的带薪雇员被培养成了杰出的从业者，比如沃尔特·伯利·格里芬、玛丽安·玛荷妮以及之后的鲁道夫·辛德勒和理查德·诺伊特拉。他们慕名而来，潜心求学，兢兢业业，终成一派。赖特的一个传记作者罗伯特·通布利说，学徒会沦为了一个异教团体，而且由此衍生的"赖特奖学金"也成为一个处处受限的多余基金会。这样的指责也不无道理，随着时间的推移，个人组织难免会出现分权的现象。赖特的精神财富得以保留，很大程度上要归功于那些学徒会的追随者和拥护者,他们在学徒会中受教,日后成为其历史遗产和无价资料档案的守护者。

埃德加·塔菲尔曾满怀悲悯之心地记录过学徒会,他在1932年到1941年当过赖特的学徒,做了几项重要委托项目的项目经理,后来因为无法处理自己招致的费用分摊问题而离开了赖特的团队——很显然,赖特对此类问题从来就没有处理好过。塔菲尔曾经写过一本回忆录《和弗兰克·劳埃德·赖特的那些年:天才的学徒》(*Years with Frank Lloyd Wright:Apprentice to Genius*),书中他对赖特充满敬意,对赖特的回忆饱含乐趣和深情,又格外亲切。就像在弗吉尼亚州的夏洛特维尔市,托马斯·杰斐逊被尊称为"杰斐逊先生"一样,学徒会和赖特基金会的成员无一例外都尊称赖特为"赖特先生"。在回忆录中,塔菲尔讲述了经验不足的学徒怎样摔下马、摔断肋骨,甚至在用不熟悉的器械时切到或烧到自己,以及塔里辛的项目怎样在一次又一次的危机后存活下来。遍地都是烂摊子,但是接二连三的灾祸完全没有影响到赖特,他也"不相信自己应该受到灾祸的影响"。他很享受生活中会起"波澜"的状态,如果没有波澜出现,他甚至会自己制造一些出来。每次采购考察都像是一次对峙,他会像独裁者一样提出要求,拿取货物,讨价还价,但有时也未必成功,整个过程他完全不尴尬,或许还会从中取乐。他喜欢身边有观众,学徒会的成员也完美地为他提供了这样的条件。"他绝不是那种可以独立料理自己生活的人",塔菲尔把奥尔加瓦娜称为赖特生命中的"稳定因素",是她负责运营每天的事务,处理细碎的事情,赖特从来不会让一些细枝末节打扰自己。

自从二十年前有了最初的概念原型,赖特对于塔里辛的构想就从来没有变过;他一直对自己的童年怀有很深厚的记忆:硕果累累的田地,肥壮的牧群,满满的储物地窖,夏天举行的家族聚餐上摆满丰盛的农产品,餐桌上满是蜂蜜、果酱、蛋糕和派。他希望这些事情都可以神奇地具象化,并且马上呼吁大家一起去野餐,当然所有的学徒都会放下手中的活计,各自提着相同的篮子,里面装满了赖特记忆中的美食,接下来在与他童年记忆中相似的场合享用。从流传下来的照片中可以看到,他戴着帽子,穿着亚麻裤,一派野餐之主的架势,在一群坐在地上的年轻男女面前主持野餐,而后者表现出的却是困惑多于舒适。这次野餐完全是临时起意,用了一大堆摩托车，强行指派几个学徒做司机，旷工数日，突然去远足野餐。

塔里辛是一个慷慨好客的地方，不时会有游客受邀造访，周末更是会迎来数量不定的游客，让奥尔加瓦娜沮丧不已。"汤里多放点儿水！"当赖特想要吸引——或赶走——来此的游客时，总会这样兴奋地大喊。毫无悬念，这里总是入不敷出。学徒们为好奇的公众组织了引导游览，一个人收十美分。赖特喜欢电影，用于业余表演和周末电影放映的娱乐室竣工后，他为当地人提供了大银幕，当地居民只需花五美分就可以在看电影的同时享用甜甜圈和咖啡，但这些对永远入不敷出的塔里辛账目都没有帮助。

赖特本身作为一个名人，也会利用自己的名气。在塔里辛有一个固定的客人——亚历山大·伍尔考特，他是《纽约客》的评论员，也是阿冈昆圆桌会[①]的常客，以充满智慧的尖锐评论著称。他说用"天才"这个词描述一个人的话，这个人只能是赖特，因此享用到了丰盛的夏日早餐。晨雾逐渐消散在明媚晴朗的天空中，浅绿

---

① 阿冈昆圆桌会（Algonquin Round Table）是 1919 年至 1929 年间美国纽约的作家、评论家、演员等人组织和参加的聚众活动。

色的青花瓷碗中盛着还挂着露水的新鲜草莓，随后是农场自产的鸡蛋和熏猪肉，新鲜的芦笋、根西牛产的新鲜牛奶、鲜奶油、热气腾腾的咖啡，都摆在绣花的中国亚麻布上。伍尔考特身材高大，穿着印有茶托大小波点的蓝色睡衣。他一向很健谈，但赖特注意到，每当房屋下传来牧场上的牛铃声和梯田上白孔雀的叫声时，他会沉默地听着。所有的一切都充满了山间的田园风光，赖特的《一部自传》中有详细的记录，而这一切都归功于所有的学徒，他们饲养牲畜，准备食物，料理好这里的一切。

众所周知，赖特对于那些国际式风格的欧洲建筑师一向嗤之以鼻。一个臭名昭著的事件是他拒绝接待沃尔特·格罗皮乌斯，并拒绝与他交谈。还有一次，勒·柯布西耶想来参观塔里辛，但是赖特拒绝见他。但也有例外，赖特就曾邀请芬兰建筑师阿尔瓦·阿尔托和他妻子"到乡间和他一起小住几日"。密斯·凡·德罗刚从德国回来，就被赖特邀请去参观他的各种建筑作品，最后参观了塔里辛；到了以后赖特还留他住了三天。那几天里，赖特一贯完美考究的服饰皱皱巴巴的，而他本人的回复也变成了简单的德语"是的"。

但也有艰难时刻，学徒们记得有时除了卷心菜、土豆或者难吃的泡菜之外就没有什么吃的了。泡菜是葛吉夫的发明，他1935年来此参观时，留下了好多桶泡菜，无论环境如何，这些泡菜的风味一直不变。周日晚上大扫除之后，大家会着正装准备吃晚餐，伴随着音乐，赖特如往常一样开始发表评论。塔菲尔后来回忆道："四十年以后，我仍然对赖特的故事记忆犹新，一方面是因为我很尊敬他，另一方面是因为我听了他妈的太多次。"最终，原本师徒平等的学徒会变成了皇家宫廷。赖特和奥尔加瓦娜在讲台上主持晚宴和表演，用一种奇怪的方式否认了他一直吹嘘的平等原则。他口头上和笔头上一直提到的民主是一件相对的事情，同时，他歌颂个体的价值，为那些不理解他观念的无名无知的大众，他专门发明了一个新词"暴民统治"。就像他曾调皮地对那些来参观塔里辛的游客说："我们这里非常民主——只要我饿了，大家就得吃饭。"

赖特重新回到塔里辛的时候，那里已是一片废墟，除了为学徒会改造希尔赛德家庭学校外，还需要做大量的重建工作。必要设施的建设进行得很缓慢，直到1939年才完成。经济萧条最严重时，有大量的失业人口，赖特虽然总是身无分文,却又总能雇到工人,因为在有项目运行时,他会保证付给工人一小部分钱。所以也就难怪,当富兰克林·罗斯福总统开始发救济金时,那些雇来的工人都离开了,有一些还起诉赖特拖欠工钱。赖特认为他们的起诉不合理,因为项目仍未完成。在另一起财务纠纷中,有一个男人为了索要一笔大额款项,甚至把赖特打倒在地,还打坏了他的鼻子。一群忠诚的学徒甚至企图发起报复,最终这场闹剧以一部分学徒被关进当地监狱而结束。

没有专业的建筑工人,这些学徒就接手建筑工作了。由于没人愿意让赖特赊账购买木材,他只得和当地"只收现金"的农民签了合同,学徒们则负责砍树、拖运和把木材劈开。赖特买不起石灰岩浆,学徒们就自己烧;赖特甚至买不到当地采石场的石头——同样是因为他无法"支付现金"——还是学徒们自己去挖石头,并在当地石匠的指导下筑墙。慢慢地,整个建筑造起来了,在这个过程中,他们确实"以做代学"了很多,也理解了"精疲力竭"的含义。

欧内斯特·L.迈耶是《麦迪逊资本时报》(*Madison Capital Times*)某专栏的编辑和作家,1934年他曾和学徒会的学徒们一起待过几个星期,并直观地报道了他们在塔里辛的日常活动。"风中还能嗅到光泽的木材的芬芳,混杂着熟石灰的味道和凿子下石屑的呛鼻气味,这里还有未建好的宽敞绘图室……新建的公共娱乐区……从诸多方面来看,这只凤凰已经从灾难的余烬中恢复过来了。新旧尘埃交织在一起。那些佛像和中国神像逃离了将塔里辛毁于一旦的大火,在新的石墙上面静静地俯视着……崭新的塔里辛熠熠生辉,世界上无一可与它相提并论。"

开拖拉机、用柏油铺屋顶、"在炎热的太阳下挖洋葱、摘甜玉米",做完这些之后,学徒们会有下午茶时间:在树荫下喝着冰茶,听着"远处的三角钢琴传来勃拉姆斯的乐曲"——赖特在建筑周围安置了十一架三角钢琴。接下来是"上色、绘画、制图"之类安静一点的消遣。晚饭后,学徒们会去参观"新建好的艺术馆",据迈耶记载,赖特会在这里"给学徒们上一些关于日本印刷品的课",并鼓励他们"看待周围的事物时,不要仅仅浮于表面……要追本溯源,激发灵感,比如松树为什么是现在的样子……一旦他们发现了世界错综复杂的神韵,就能够通过艺术和建筑将其演绎出来……他讲话时铿锵有力,声音很轻但很有说服力,从不拐弯抹角"。

学徒会中新颖的课程,以及可以探索"植物、烹饪和建筑学神奇奥秘"的机会,深深地吸引了像迈耶这样的短期旁观者。但也有相反的情况,有些人非但没有被吸引,反而从中看到了徇私偏袒、阿谀奉承以及日益森严的学徒"进出"等级制度。学徒会内部也有长期的不和、调情和结婚等是非,有些人还声称这些都是奥尔加瓦娜在幕后主导的。在早期的学徒中,一个叫韦斯利·彼得斯的青年和斯韦特兰娜相恋了,后者是奥尔加瓦娜和前夫的女儿。但赖特和奥尔加瓦娜不同意两人的婚事,于是二人在婚后被赶了出去。时隔数年,二人再次回到家里时,彼得斯已是从麻省理工学院毕业的工程师,也自此成为赖特的得力助手;其他学徒,比如塔菲尔和尤金·马斯林克,作为赖特的秘书和私人助理,在赖特生活中起到了很重要的作用;布鲁斯·布鲁克斯·法伊弗是较早加入学徒会的成员,和赖特一起待了数年,一直在做塔里辛的档案管理员。塔菲尔回忆说:"最初,我们的生活只能勉强糊口,没有固定保证,但是我们仍深深敬爱着他。"

没有人能够想到,赖特会再一次强势回归,也不会有人想到，在生命里的又一个二十五年里，他进行了一系列活动，开启了事业和人生更加精彩卓绝的篇章。学徒会成立五周年后，他的创作全面复苏，震惊了世界，也把他的成就和名声带到了新的高度。

第十章

建筑师在事业的空窗期并不是整天无所事事——他们幻想、画图。在此过程中，他们创造出一套完整的空想建筑体系，范围极广，从未来幻想到宇宙城市的规划。这体现了建筑思维方式最好的也是最坏的两面——一方面，艺术家想象力极其丰富，不受现实和条件的局限，创作出绝美又新颖的设计；另一方面，这些想法机智、往往不近人情又不切实际，充满乌托邦色彩，希望建立严格的外部环境秩序，以扫除普通生活或居住环境中的混乱和丑陋。人们很容易被绝妙的画作和引人瞩目的模型迷得神魂颠倒，于是，建筑师对这样的想法和观念十分钟情，几乎将之视为生命。但在现实生活中，那些极具魅力、为人们所接受的建筑，往往和政治、社会、经济力量没有任何关系，而这些力量恰恰就是城市真正的建筑师。

这类想法中最令人印象深刻的一个，就是勒·柯布西耶在1925年提出的"瓦赞计划"（Plan Voisin）。如果当时万一有可能将此想法付诸实践，很可能出现灾难。该计划将破坏巴黎中心区两平方英里的土地，建成十八幢摩天大楼，中间还有一条高速公路穿过。在那个时代，"以革命性的重建实现社会的完美统一"这一理念备受推崇，但这一计划可能破坏世界上最富裕的土地上人与人之间亲近的传统和历史文化多样性。取而代之的则是鳞次栉比、井然有序的现代化建筑，没有一丝生机。

几乎每个建筑师都会不时产生这种理想化的建筑理念。赖特在他1932年出版的著作《消失的城市》(*The Disappearing City*)中阐述过自己的这种理念。他在书中写道，他反对传统的城市拥堵，支持半乡村式的、分散式的生活环境。也就是说，每个人都有一亩土地供自己支配；建筑以家庭为单位。就像小型的塔里辛建筑，以其为蓝本，将这一建筑模式扩展至各个县，形成各自的区域政府——城镇完全被消除。经过规划，教堂、学校、行政大楼、商业区建在合适的位置，为每一个生活区域的居民提供便利。他并不反对在正确的地方建高层建筑——没有建筑师会反对。

赖特认为，独立的个体各自生活在自己的田园环境中，才是真正的民主。同时，汽车又能够解决距离问题，实现这一新的生活和工作方式。赖特从一开始就视汽车为王道；他喜欢汽车，认为汽车就像一个速度飞快、华丽又精巧的玩具。赖特开车只顾自己的规则，一向都是超速行驶，这是众所周知的。不像勒·柯布西耶，他推崇将技术运用到建筑、社会和现代生活的方方面面。而赖特则是理想主义者，他的思维完全被汽车带来的便捷和心理上的快感所控制。他似乎没有意识到，汽车将成为未来城市拥堵、污染，甚至毁灭的源泉。

赖特称他的规划为"广亩城市"（Broadacre City）。顾名思义，这一分散式的社区理念回归了杰斐逊的重农主义思想，而与19世纪重工业化的城市进程逐渐偏离。正如尼尔·莱文所说，"广亩城市"理念是大萧条时期，赖特为公民利益提出的一个公共事业振兴署的私人项目。毫无意外，这种理念与柯布西耶理念截然不同，它是一种更缓和的城市化——如果它能被称为"城市化"的话。赖特的理念是基于美国人熟悉的建筑方式和土地利用方式构想出来的。1935年，在纽约洛克菲勒中心展出了一组十二平方英尺的巨大建筑模型。它的主题是赖特关于建造有特色的、民主的文化遗产的愿望，展出地点又在他经常贬低的城市纽约。在参观者和评论员看来，这是极具讽刺意味的。随后，这一模型又在华盛顿和匹兹堡展出，很快引起大家的注意，赖特也因此进入公众视线。

除了具有宣传价值，它还能作为教学项目，指导学生学习赖特的设计方式和思维方式。"广亩城市"也促进了新"美国风"住宅的兴起。赖特的这一家庭住宅建筑理念很快被建筑工运用，根据此理念改造的乡间别墅是

20世纪美国最合理、最宜居也最受欢迎的住宅。赖特和其他人对"美国风"都做过各种不同的阐释。它既指"实用",又指美国特色,旨在展示一种尊重土地和本地资源的有机自然住宅。这种设计操作简便易复制,经济实惠,适合几乎所有地点或环境。赖特时常强调这种住宅体现的民主、普遍的特性,并且声称五千到一万美元便能建成一座此类住宅。

"美国风"住宅的耀眼之处在于他洞察到了美国社会及生活正在发生的变化方式。该风格很快受到大家的欢迎,这也让赖特回到积极的实践中。"美国风"住宅以其实用性、合理性和水平远远高于普通建筑的设计特点,吸引了赖特常常接触的有文化的客户——受过良好教育的专业人士和中产阶级知识分子。这种住宅适应新一代美国人的新兴生活方式——更简单、流动性更强、生活更随意。这反映了美国家庭中妇女角色的变化,她们追求更多样化的活动,不需要用人的帮助,以一种全新的、需要更加轻松自由的方式来持家。"美国风"住宅与赖特20世纪初的革命性设计"草原风"住宅截然不同,后者将复杂的维多利亚式住宅精简,并且将建筑地点转移到完全开阔、平坦的地方。而"美国风"住宅大多构造简洁，直线方角。它保留了传统的壁炉，摒弃了正式的餐厅和服务空间。餐厅和起居室合二为一，直接与厨房相连，传统的餐厅与厨房两翼合并为一翼。卧房的一角作为生活区，且空间从内部向外延伸，开阔宽敞。汽车棚——这一赖特经常声称是他发明的区域，使"美国风"的设计更加完整。

第一座"美国风"住宅建在明尼阿波利斯市，户主是社会学教授马尔科姆·威利和他的妻子，他们于1933年至1934年住在那里。此后出现了很多类似的房子——单层，砖木结构的壁炉，落地窗和整面玻璃墙正对庭院或阳台。其中最出名、最为大家熟知的几座分别是雅各布、刘易斯、贝尔德、波普和汉娜家的房子。一些住户，比如雅各布家和刘易斯家，认为这种住宅给他们的生活带来了意想不到的改变，并将他们的经历记录成书。还有几家人随着家庭人口的增加，又委托赖特设计了第二座此类住宅。然而，并非每个人都喜欢这种风格的建筑，或赞同赖特极力推崇的这一审美观点或生活理念。多年来，已经有一些住户感受到了这种住宅的禁锢，成了赖特理念多余的"守护者"。对住宅感兴趣的来访者源源不断，让住户不堪其扰，他们纷纷逃离到生活更随性的无名地区。很多人写到,赖特的这种不同寻常的建筑给他们的生活带来了不便与困扰,价格又不断上涨。建筑师还脾气不好,常常不见踪影,只有在客户心生绝望时,才出来哄骗和安抚一番。

但赖特的房子从不要求户主改变自己以遵守抽象的建筑理念。尽管赖特霸道地执着于自己设计的嵌入式家具,并使用自己的装修配件——大家都知道,他会在户主不在时进入他建造的房子,按照自己的品位重新布置——而他所选用的家具也是众所周知的差,但他从不采用国际风格建筑师为降低成本提出的"极简主义"。建筑先锋派力求极致简约,这种简约所要求的强制除菌法已经到了具有挑战性的严苛程度。赖特建造的房屋与之相比,则更加舒适宜居(gemütlich)。从过去到现在,"美国风"住宅一直都引人注目且适宜居住。委托修建这种住宅的业主明白他们正在获得什么,即使结果出乎意料。比如,随着赖特运用的几何结构越来越多,他后期的六边形设计往往包含倾斜的网格结构和下垂的直干结构。

到 20 世纪 30 年代,这类建筑已颇具规模。此时,赖特也准备好迎接一个更大的挑战——受委托建造流水别墅。这所别墅建在宾夕法尼亚州熊跑溪镇的丛林里,是世界上最著名,也最为人们称赞的建筑之一。碰巧在此时出现的这位委托人是匹兹堡百货大亨埃德加·J.考夫曼,他对艺术和设计很感兴趣,尤其是建筑方面,这促使他在1934年末找到了赖特。

和赖特一生中的其他经历一样,关于考夫曼是怎么认识赖特的,也有两个完全不同的版本。公认的版本是考夫曼的儿子小埃德加讲述的。他二十岁出头时,在维也纳学习艺术设计。回美国时,据他声称,一个朋友送给他一本赖特的《一部自传》,因此后来他向父亲介绍了赖特,并去了塔里辛的学徒会。故事中讲道,考夫曼、他的儿子、赖特三人一起去了建筑地点考察,由于儿子的建议和介入,考夫曼才最终决定聘用赖特。另一个修订的版本是建筑历史学家——富兰克林·托克讲述的,他已经深入研究了这座建筑涉及的人和环境。在《流水别墅传》(*Fallingwater Rising*)一书中,他写道,小埃德加夸大了自己的作用,或者,至少他的版本中有捏造的内容。他给出了第一次去实地考察时小埃德加不在场的证据。并且,他在研究中没有发现任何可能送小埃德加《一部自传》的人。托克称,这些矛盾之处否定了小埃德加的版本和他广为接受的形象。据他说,实际上,聘请赖特这一决定最终还是要归功于考夫曼。他对建筑的兴趣促使他最终与赖特合作，并没有他儿子的帮助。托克还相信，是考夫曼指引他儿子去找赖特，而非由他儿子引荐。此外，他还要求儿子加入塔里辛学徒会。小埃德加并不喜欢父亲的这一决定，他只在那儿待了很短时间，且与周围的人相处得都很糟糕，包括赖特在内。赖特对自己与考夫曼的关系十分确定，所以常会毫无顾忌地批评小埃德加。

无疑，两个版本的背景和现实变得更加复杂。同时，我们也不能夸大这对父子的敌对和紧张关系。埃德加·考夫曼意见坚定，品位独到，行动果断，是个非常成功又很有影响力的商人。他对儿子很失望，既不赞成他的设计风格，又反对他的同性恋倾向。他公然背叛他的妻子、小埃德加的母亲莉莉安，八卦媒体对这一消息幸灾乐祸，小埃德加则羞愤又悲痛。在妻子去世后，考夫曼娶了他的众多情妇之一。他骄奢高调的生活和众人皆知的好色品性常常令小埃德加感到厌恶。小埃德加教养深厚，严于律己，品位谨慎而低调。他喜欢独来独往，清心寡欲，而他父亲更加世俗且放纵自我。他拒绝跟从他父亲的名字，将名字前大写的"Jr"（小）拼为小写的"jr"，他父亲去世后,他就竭力将其去掉。

小埃德加·考夫曼十分聪慧,他感情极为细腻,举止文雅,世故老练,但对自己的品位有几分偏执,还带着强烈的热情和火气。他表现出明显的自我克制和无可挑剔的礼貌,这最初来自他良好的教养,后在他的职业生涯和人际关系中又得到了培养。晚年的他继承了很多财富,乐善好施。他还是博物馆、学术界和商界的导师与引领者,享有很高的声誉;他的慈善事业主要针对自己涉足的展会活动、出版物和教育领域。根据这个逻辑,小埃德加应该既不是托克描述的可有可无的懦夫,也不是自己故事中清白无瑕的英雄。正如赖特饱受争议的一生中经历的几乎所有事件一样,我们也可以自由地选择相信自己所喜欢的或认为重要的版本。

最后,这座建筑的光芒完全掩盖了上述两种版本的争议。经过不断改进,流水别墅最终的形象令人叹为观止。阶梯状的混凝土平台奇迹般地凌空在小瀑布的溪水之上。这是少有的不破坏自然、与自然融为一体、丰富大自然鬼斧神工的艺术创作。这座建筑依自然的山石树木坡度而建,与地形完美融合。从图片上看,它是表面光滑、外形平直的抽象建筑群。各部分交互联结、相互平衡，构成复杂的三维结构。赖特喜欢将它比喻为服务员手指上的托盘，靠着垂直石柱维系和支撑起来。这个悬臂的托盘式建筑由连续的金属框玻璃窗分为几层，内部分为多间屋子，包含向外延伸的开阔露台。图片没拍到的地方还有一处顺流而下的瀑布。相机拍摄的效果很逼真，但静态的图片只能略微捕捉到这座建筑微妙的、变幻莫测的内部联结、流动的溪水，以及随季节不断变化的景观。

赖特摒弃了本可以将房屋建在溪水旁边，又能看到瀑布景观的常规解决方案。相反，他把房屋建在溪水之上，这一大胆的设计理念挑战了传统的思维和建筑。他用混凝土承板将建筑固定在岩石上，而实际的支撑则在建筑内部——约一百六十八平方米的大客厅内精心保留了一大块凸出的自然山岩，修建成壁炉。根据房间大小，赖特习惯把天花板修得较低。尽管建筑面积很大，房屋仍很质朴，给人亲切的感觉。一层外扩的岩石直通阳台和一个大的楼梯口，逐级而下，正好接临建筑下的溪水。整座别墅建在溪水之上，又与其融为一体，联结紧密。

尽管赖特在设计流水别墅之前也曾有过类似的作品，但这一建筑悬臂、抽象的混凝土板结构仍提供了一种全新的视野。它与赖特反对的欧洲现代主义有明显的相关性。虽然他选择的建筑方式是与自然景观有机结合，但很明显，他也认真研究过欧洲现代主义。不像欧洲建筑通常与周围的环境超然离群，赖特的房屋墙面由粗糙的岩石砌成，纹理和颜色都与自然融为一体，不论在外观上还是实际构造上，都与环境浑然一体。1938年，现代艺术博物馆集中展出了流水别墅的图片，图片中建筑的外部平面几乎全为白色。很明显，博物馆的这一展出方式强调了国际风格对这一建筑的偏见。但赖特从来不认为这些悬面是单纯的白色。他原本想在阳台上用金箔材质，但金色会显得太过奢华，于是最终选择了色调较暖的米黄色涂料。他也没有使用国际风格一贯采用的刻板的工业金属边框，而用了他最喜欢的珊瑚红边框。赖特在谴责新建筑时代实践者的同时，也完美地掌握了这一时代的精髓。但是，正是他对一流环境及其精神的追求，造就了这一成功的设计。尼尔·莱文对流水别墅做了完美的总结："流水别墅最终实现了山石、流水、树木、叶子、蓝天、白云融为一体的绝妙景象。"

据传言，考夫曼迫不及待地想见到设计图纸，就在他即将要去拜访赖特之前，迫于压力，赖特才很快完成了此设计。尽管在之前的几个月，赖特曾去宾夕法尼亚实地考察过两次，也索要过当地的地形图，但这似乎对设计图纸并没有什么帮助。而考夫曼打电话说自己在密尔沃基、很快就会到塔里辛且希望尽快看到图纸时，赖特却说他已经设计好这个建筑了。他激动地说："快过来吧，兄弟！我们已经准备好迎接你啦！"埃德加·塔菲尔和赖特的其他学生目睹了这一场景，据他们说，当时赖特坐在绘图桌旁，大声讲解建筑的位置、外形、用途，以及住户坐在哪里，能看到什么风景，甚至壁炉内吊壶烧水沏茶的细节。就在此时，灵感倾泻而出，图纸一瞬间就完成了。接下来，建筑平面图、立体图和剖面图一一跃然纸上。考夫曼到达时，他正好完成，喜悦之情溢于言表。

赖特常说自己就像魔法师一样，一摇袖子，设计便出来了。但是，很显然，为了这个设计，他已经思考了好几个月。所有建筑师都有将想象具象化的能力，但是很少有建筑师在毫无头绪时就拿出白纸开始设计。赖特有能力将问题的完整解决方案想象出来，并使之概念化、可视化到极致。在着手画图之前，他已经在心中完全构想清楚，这并不稀奇。有些人怀疑这个故事，想找到他初步的设计草图，以此推翻赖特自我吹嘘的"天才"，最终却无功而返，这也并不奇怪。赖特很可能在开始画流水别墅设计图之前，就在心中对这一建筑有了很清晰的构想。然而，除了这一最初的客户陈述，应该还有更多关于画图细节和设计规格方面的信息，建筑过程中也有很多由于建筑特殊性引发的问题需要解决。对客户和建筑工人来说，该建筑施工既费心又耗财。

流水别墅由于设计出色，很快就被视为艺术作品，这也很快带来了一系列问题。别墅竣工之前便出现了裂缝和房屋构造断裂，于是考夫曼找来自己的工程团队修补。这惹恼了赖特，他威胁考夫曼说要退出建筑工程。接着，客户和建筑师双方展开了一场秘密加固、偷偷命令建筑队又撤回命令的游戏，同时双方又都看似愉快、实则诡异地回应着对方，彼此都有提防。冥冥之中似有定数，却又不可预测，这座建筑在大约六十年后几乎到了倒塌的边缘。对非同寻常的建筑结构，其工程计算大多是经验性的，没有实际验证；卧室悬臂下的窗户框架没有使用原钢材质做支撑；没有充分加固混凝土或加固方式不当；施工期间由经验不足的学徒做监工，他们监管不力，又必须在现场做出重要决定，难免出错；赖特的设计图纸画图不完整，细节不足。很多问题和疏漏之处直到后来重修返工时才暴露出来，之前一直没有人发现。正是由于这些事故和疏忽，这一设计未能达到标准，增加了真正投入使用的风险，也只有现代的材料和技术才有可能保证它能成功地转化为真正完工的建筑。

小埃德加·考夫曼在父母去世后利用了这座建筑，并且多年来一直维护得很好。1963年，他把这座房子和这块地捐给了西宾夕法尼亚资源管理委员会，并亲自制定了房子向公众开放后对其保护和展示的适当标准，标准实施二十多年后，小埃德加去世。流水别墅已成为美国的地标性建筑，也是一个重要的旅游景点。20世纪90年代，房屋进行了彻底的翻新改造，不仅调整了极为明显的、非常危险的房屋悬臂下垂，还更新了原来仅供家用的老式水管、供热和电力系统，当时它们已经支撑不起这里不可预测的游客压力。

2000年，美国建筑师协会票选流水别墅为"世纪建筑"。这项荣誉在赖特去世四十一年后才获得，他的一生都在与该协会公开斗争。他不停地羞辱、排斥他的同行。协会最后颁发给他金奖时，他已八十二岁（原本规定获奖者年龄不超过八十岁），在颁奖礼上，他严厉斥责了该协会的成员。

运气或命运使然，20世纪30年代，两个完美客户委托赖特，他也因此设计了使他的实力重新焕发光彩的主要作品。第一个客户是埃德加·考夫曼，他的流水别墅让赖特有途径和机会设计如此特别的建筑。第二个客户是赫伯特·F.约翰逊，他是约翰逊制蜡公司的老板，他委托赖特设计一个他当时从未尝试过的建筑——大型商业建筑，用作威斯康星州拉辛市一个家族企业的总部办公大楼。这两个人不仅仅是客户，还是在很多方面给予赖特支持的赞助人。赖特建造"广亩城市"模型时，考夫曼给他资金支持，并让他设计百货公司的新型现代化办公室。后来，这一模型藏于维多利亚和阿尔伯特博物馆，约翰逊也成了他的拥护者和亲密好友。

1936年，赖特开始设计约翰逊办公大楼，当时他也在全力关注流水别墅的建筑进程。他试图说服约翰逊把大楼建在乡村，采用"广亩城市"的风格，但是约翰逊拒绝这种做法。于是，赖特隔离出周围的工业区，多年前，他在水牛城建拉金大厦时，也这么做过。拉金大厦内部是宽敞开阔又有阳台的大房间，用作主要办公区。管理部门沿用"拉金模式"，室内摆设和家具都是赖特设计的。不像威严肃穆、纪念碑式的拉金大厦，约翰逊办公大楼明亮雅致，采用了最新的"流线型"设计——随着年龄的增长，赖特愈发强烈地反对这种设计。该建筑转角部分是圆的，每层中间是流线型玻璃管制成的窗子，与天花板相连。玻璃管这种新型的试验性材料在这之前从未用过，透过它可以射进一抹亮光。很多上粗下细的圆柱连成一片，形成一道迷人的建筑林风景线。而室内实际修建的圆柱比建筑结构所需要的数量要多。天花板是圆形平板，很像睡莲浮叶，透过平板照进的光使房间好像一个虚拟的、不受时间影响的空间。

玻璃管没有经过试验，不可避免地出现了泄漏。赖特对新材料和未经证实的建筑方式的热情给他带来了很多好处，对他来说，这些远比给客户带来的不便重要。赖特对这些问题毫无所谓，漠不关心，客户只好自己学习处理如辐射供热等试验系统的问题，这些系统很快就成为标准建筑的实施规程。当地建筑署长并不信任设计精致的上粗下细型圆柱。赖特坚持一贯的作风，高调地在员工和公司主管中展开试验。他在一个圆柱模型顶端绑上沙袋，沙袋重量远远超过圆柱本身的承重能力，一直等到沙袋将圆柱压塌。他以这种极端的方式极力证明自己是绝对正确的。这座办公大楼的修建从未得到任何一个建筑许可,但仍能安全进行下去,一部分原因是,约翰逊在董事会和委员会的所有听证会中都公开表明,他支持自己所选择的建筑师。

办公大楼建筑过程中,赖特又为约翰逊和他的新妻子设计了私宅"翼幅"。这所住宅于1937年建在拉辛市,正如流水别墅建在溪流和木石之上,这所住宅同样很特别,它建在草原中。以较高的有着拱形屋顶的主房为中心,以此展开四翼,划分出四个区,主房上凸出的砖质烟囱与四翼的火炉相连。但这所住宅注定不会真正成为住宅。就在它几乎竣工时,约翰逊年轻的妻子去世了,他也对这里失去了兴趣。只是在赖特的强烈要求下,这一建筑才最终完成。他不愿意失去一个对他来说如此重要的设计。他解释说:"这所修建完好的住宅让这个地方都充满生机。"赖特一直相信,是这所房子帮助约翰逊从悲伤中走出来的,尽管后者在这里居住的时间很短,也不开心。最后,该建筑被用作会议中心。

随着赖特名气越来越大,公共活动占据了他更多的时间。1937年,他受邀到苏联参加全苏建筑师大会。那个年代去苏联参观的其他艺术家和知识分子说,赖特回国后，对共产主义和苏联建筑的前景表现出极度热情。1938年，关于流水别墅的展览在纽约现代艺术博物馆举办，赖特顿时名声大噪，声望无人可及。他主编了建筑专业领先的刊物《建筑论坛》(*Architecture Forum*)，重点介绍他的作品。之后，他成为《时代周刊》的封面人物，证明他声威日壮，媒体也开始追捧。同年，另一位客户卢德·M.斯皮维博士委托赖特一项长期的公共机构项目，即设计佛罗里达州莱克兰市的佛罗里达南方学院，后来他也一直赞助赖特。1939年，赖特在伦敦发表了一系列讲座，并将其编辑成书——《有机建筑》(*An Organic Architecture*)从此出版。1940年，现代艺术博物馆以"两位伟大的美国人"为主题，展览了赖特和大卫·格里菲斯①的作品，赖特帮助博物馆做了布展的准备工作。

赖特的工作安排对七十岁的人来说异常繁重，加之严重的肺炎发作，医生建议他躲避威斯康星冬季的酷寒。因此，他被送回他很喜欢的亚利桑那沙漠。他这一季节性的位置转移，不仅逃离了严寒天气，也节省了

---

① 大卫·格里菲斯（David Wark Griffith，1875—1948），美国导演，被认为是对早期电影发展做出极大贡献的开创性人物。他最著名的作品包括《一个国家的诞生》和《党同伐异》。

三千五百美元的冬季取暖燃料费。这笔数目相当可观，对赖特来说也一直是个大问题。观察了诸多可能购置的土地后，他在天堂谷的马里科帕山区搞到了六百英亩土地。这里离凤凰城和斯科茨代尔不远，这两个地方当时还是小度假区。这块土地一部分是从政府土地局购得，另一部分是租的。随着学徒会的人数从三十名增加到了六十多名，他又买了一部分土地，最终达到一千多英亩。他把这块以麦克道威尔山脉为背景的沙漠高原地描述为"世界边缘的一瞥"。当然，他忽视了这里从没抽出过地下水的事实。赖特坚持一贯自信的风格，确信自己不会犯错，他的运气也不会让他失败。他命令工人不停地钻井，最终竟真的奇迹一般地钻出了水。

从1937年开始，他的家人和学徒每年都会带他去亚利桑那，他们将其称为"迁徙""跋涉"或"逃亡"。他们大概在圣诞节左右出发，复活节后再返回威斯康星。这一迁移要用一长队汽车和卡车，赖特和他的家人坐在队伍最前面的他最喜欢的车内。赖特非常喜欢这段约两千英里的行程，他还让司机走不同的、更加曲折的路线。1938年年初，他开始建造"沙漠营地"——最初叫这个名字，后来即更名为"墨西哥刺木营"。接下来的四个冬季，赖特的学徒和一些雇工继续修建这处营地，最终于1941年完工，尽管之后修补完善的工作又绵亘多年，从未间断。经过不断地更改命名，最终这个地方就简单地被叫作"西塔里辛"。

施工过程中，他们住在工地外的临时帐篷里，只能睡睡袋，还要忍受最原始条件下的高温、严寒、沙尘暴和季节性洪水。他们就在户外露天环境中绘制设计图纸，采用棕色厚纸，而不是白色草稿纸，以缓解太阳光和地面反射的强光导致看不清图纸内容的问题。赖特在《一部自传》的修订版中提到："一些基本要素已经齐备。简单的特性轮廓图……经历风吹日晒的小碎石可采用……在山体斜坡的大砌石结构上，我们设计了帆布包裹的红木结构。"

很快他们发现，几个世纪以来，这块地一直被当地美国部落用来举行重要仪式。这座低矮的、仅有一层的建筑显示了当地的历史和神话特色，也展示了可见的自然景观。赖特采用霍霍卡姆文化[①]时期大圆石壁画的方形螺旋结构，并将其用作团队徽标。罗盘读数经过精心调整、指向正确的方向后，他们把大圆石运到营地，

[①] 霍霍卡姆（Hohokam）文化是北美西南地区的新石器时代文化，分布于美国亚利桑那州南部。"霍霍卡姆"意为"消失的民族"，约公元前300—前100年自科奇斯文化中分化出来，公元1400年后衰落。

用作标识和雕塑。赖特说，若霍霍卡姆文明再次繁荣，他们会发现一些东西仍是原来的状态，未被打乱。绘图室、餐厅、卧房、客厅、花园房、赖特的办公室和家属居住区，这些结构有机统一，又被各结构间相连的平台、阳台、小桥、楼梯、泳池、中庭和精心打造的山景紧密连接起来。这一六边形设计形成了一条由一系列三角形空间构成的动态流线型景观，赫然屹立于沙漠中。

随着这一营地在沙漠中建立起来，它也逐渐与沙漠融为一体。墙面、扶壁、护墙都使用了赖特所说的"沙漠碎石"，这些碎石颜色、大小各异，都是在当地捡来的，然后用低密度水泥在模子里混凝起来。房屋以粗锯的红木和棕色石材为支柱，形成屋翼，支撑帆布屋顶，屋顶倾斜，将群山的景观尽收眼底。赖特记载道："天气晴朗时，打开白色房顶和侧门，沙漠的空气透进来，鸟群轻快地飞过。建筑群内还有钟塔、大钟、几座花园。它横贯整个山区，拔地而起，俯瞰这个世界，广阔的沙漠尽在脚下，内嵌三角形泳池……我们的新沙漠营地是亚利桑那沙漠的一部分，就像我们设计时，它已屹立在那里。"时光流逝，凤凰城和斯科茨代尔市的郊区越来越近。最终，赖特精心准备的穿越沙漠的行进队歌也消失了。随着时代更替、气候变化，钢材和塑料代替了木材和帆布，但是这个地方和这个建筑设计的戏剧性和寓意保留了下来。

正如赖特设计的很多建筑，不管对这一建筑的原理和来源做怎样的调查，结果都是，它确实很独特，是具有赖特特色的独一无二的建筑成果。唯独不新颖的一点便是，这一建筑和赖特的其他建筑一样，都毫无例外地展现了他独特的才华，具有很高的名气；它诗意地表达了建筑与沙漠的有机统一。这个设计的独特之处不仅在于他的建筑师身份，更在于他是一个反叛而浪漫的独行者；和往常一样，赖特对当时的发展十分敏感。20 世纪 30 年代，人们对考古学和印第安事物兴趣高涨，随后，美国政府改革，鼓励学者研究印第安文化，这也使印第安文明升级为美索美洲传统文明中重要的一部分。尼尔·莱文曾指出，赖特一直对史前文化很感兴趣，这也与现代主义越来越注重从"原始文化"中寻找新灵感密不可分。赖特赞美在大自然中简单生活的真谛。没有什么文化离人特别遥远，没有什么艺术特别难懂，也没有什么东西特别复杂或简单、特别新颖或陈旧。因此，任何东西都能在他的合适的、原创的建筑中使用。他甚至在沙漠中创造了自己的世界。

第十一章

此时,"赖特抗衡世界"就等同于"真理抗衡世界"。在威斯康星和亚利桑那的两个塔里辛居住时,他和社会完全隔离,对社会标准及要求全盘否决和回避。但同时他却像一个预言家那样,在亚利桑那的沙漠中继续宣扬他的理念,因此他还不算是个隐士——他热爱世界性的舞台,并且成功地在这个舞台上站稳了脚跟。聚光灯下的感觉让他倍感留恋;确立了自己的公众形象之后,他开始辅之以穿衣搭配:粗花呢外衣,外着披风,领间系着平滑的领带,头戴在巴黎夏尔凡定制的标志性的卷边帽,灰白的头发修剪得恰到好处。他的动作夸张且幅度很大,挥舞手杖时常摆出傲慢的架势。他说话时吐字清晰,声音像演员一样低沉,富有磁性,他也很乐于用这种声音语惊四座或散发魅力。对于取悦和侮辱,他都同样在行,而且也非常热衷。他十分清楚自己所在的角色定位,并且能够高超娴熟地利用这一点。

20 世纪 30 年代后期,他收获的鲜花和掌声越来越多,且一直持续到此后的二十年,其间他不断获得自我展示的机会。他的最新成果在为他赢得赞誉和名气的同时,也让人们开始重新关注起他之前的成就。他将这种赞誉视为理所应当,而且对其姗姗来迟颇有微词。对于他的崇拜者，他绝不吝于批评斥责；对于自己的天才之处，他则滔滔不绝，常控诉他人剽窃他的创意。他在1941年被授予英国皇家建筑师协会的金质奖章，但直到八年后，他才在美国本土赢得类似的奖项。乌拉圭和墨西哥的国家建筑师学院、芬兰国家科学院、斯德哥尔摩皇家美术学院和美国艺术暨文学学会先后邀请他成为荣誉会员。他在普林斯顿大学、耶鲁大学、卫斯理大学、佛罗里达南方学院、威斯康星大学（终于！）和苏黎世联邦理工学院都获得了荣誉学位。

在塔里辛的时候，他是这个自己一手开拓的领域里的主人，身边簇拥着一群慕名前来求教学习的仰慕者。在这以外的世界所发生的事情与他无关，希特勒的崛起和即将到来的战争似乎存在于另一个宇宙空间。无论是在季节规律恒定的中西部农场，还是在空气清新的偏僻沙漠营地，这一日益兴起的风暴都很容易被忽略，即便如赖特一般思虑甚广之人，也将其抛诸脑后。对手头工作全情投入，对艺术至高无上的地位秉持忠贞不贰的信念，这是天赋异禀者的共性。在这期间，赖特的偏见和观点转向绝对化和无意识，不容任何置疑，不受任何新事物和事态变化的影响。

从赖特身上展现出来的,是伟大的艺术家所面临的一个经典困局——艺术领域的巨擘,生活领域的孩童。一直以来,有人坚持认为人类的视域应该与艺术家的创造性天赋相匹配,而现实生活的方方面面和艺术创作的单一性是自相矛盾的,对这些人来说,这是个无解的难题。伟大的艺术家鲜少能做到这一点;他们的人格和创造力彼此独立。赖特和普通人一样会犯错,会做出错误的判断。他自欺欺人地认为不会有战争;他强化这种观点,一部分是因为他担心战争会对自己的学徒造成影响。如果那些把他的住所、农场和工作室打理得井井有条的年轻学徒离开此处、奔赴战场,那么他就会失去自己精心构筑的一切。

然而,他之所以坚持反战的立场,很大程度上源于他的出身和宗教信仰。他是威尔士移民的后代,他的祖先为逃离贫困的生活和英国的严苛统治,以及英国教会对其视为异教徒的一位论派的家族迫害而移居美国。虽然已过去两代人,可他还保留着家族流传下来的偏见——他是公开的反英人士,换句话说,他反对两次世界大战中的英美同盟。尽管他毫不掩饰其有悖于传统的个人道德观和狭隘的激进主义思想,但由于在美国中心地带长大，他的保守态度是无可置疑的。他是个坚实的孤立主义者，所以他首先加入的是美国利益优先的阵营，尽管他不可能同意美国那套臭名昭著的盟国阵营议程；他根本无心政治。

他的品位和情趣形成于青年时代，那时正值19世纪末，芝加哥以日耳曼文化为主流。对巴黎美术学院强大的影响力和时尚潮流，他不为所动，巴黎也从来不像柏林和维也纳那样深深吸引着他。除了在"二战"中坚持反英和亲德的立场，他还是个亲日派。不过他在《一部自传》中解释说，他热爱的是旧时的德国和日本；对他来说，那时的德国和日本不同于现在的那两个敌对国。他同日本及日本人民的关系，以及他对日本艺术和文化的喜爱之情可追溯到三十年前。而且，他大多依靠收集和买卖日本版画为生。

有人根据他的著作中出现的评论和引语进行推测，认为他是反犹主义者。尽管他把阿德勒和苏利文事务所里一些早期的绘图室工作伙伴毫不客气地称为"犹太佬"，但他对其他宗教派别和种族的人群也从未心慈手软——他对所有人都表达过同等程度的厌恶。他对才华出众的德国犹太人、阿德勒和苏利文事务所的工程合伙人丹克玛·阿德勒钦佩有加；对于像埃德加·塔菲尔这样既是学徒也是朋友的年轻犹太建筑师，他同样心存爱慕，这种感情即使到他离开那里之后，也依然没有改变。因此，在赖特一贯执着的众多问题上，反犹主义不大可能占到多么重要的地位。和他关系最好、最忠诚的客户和老主顾们，有些就是犹太人，而赖特为他们所做的设计都是最精良的。比如考夫曼家族和古根海姆家族，他们和赖特早期那些富裕的自由派白人新教徒客户相仿，但他们囊中的财富和雄心则更胜一筹。他同处于中上阶层的犹太教师，以及参与过建造他那"美国风"住宅的知识分子之间保持着良好的关系。被赖特视为傻瓜和恶棍的人很多，但他并没有人种或种族的区分；他对待所有人一律不考虑政治立场是否正确。

他对自己的信仰和看法中存在的矛盾并没有意识。虽然极力坚持对美国的理想憧憬，但同时他的政治主张——权且借用这个词来称呼赖特的观点——却是条理混乱而缺乏理性的。他习惯于有话直说，并不关注事实本身，也不看是否符合逻辑。毫无疑问，他那些年纪尚轻、单纯敏感的学徒因为可以立即参与设计任务而欣喜若狂，同时，终日浸淫在学徒会封闭的家长式作风中，他们势必会受到导师经常明确阐释的一些观点的影响。这些观点不仅涵盖建筑理念和实践方法，也包括粗略模糊的哲学思想。在赖特看来，两者是不可分割的。依靠遗传的传道士天赋，他的反战情绪对听众产生了一定的影响，甚至还引起了当局的关注。他自称从未影响任何人，也无意这么做，那些亲近他的人之所以看似受他影响，是因为他们原本就抱有类似的想法。

在这样一个只关注艺术追求的内向型团体中，"二战"的到来并没有激发人们的热情。面对应召入伍，加入一场看似如此遥远、与超越时间的艺术和沙漠毫无关联的战争，很多学徒出于良心表示拒绝服兵役，因此他们获刑进了监狱。就这样，赖特又一次触犯了法律，这回触犯的是"一战"期间通过的《1918年反叛乱法》，该法旨在惩处"阻挠国家战争的行为"或"对美国宪法或联邦政府表示不忠诚之言语"的人。负责审理拒绝参战人员的一名当地法官认为，赖特的学徒会是滋生"颠覆背叛"的反美主义温床。赖特并不擅于外交辞令，他义正严地申诉自己所信奉的观点加以辩驳，到头来却注定激怒更多的人，使事态更加恶化。

有一个年轻的拒服兵役者，他的父母因为儿子不肯入伍，一怒之下将赖特告到了联邦调查局，还惊动了埃德加·胡佛①。胡佛迅速将赖特列为威胁国家安全的人，或者至少认为他正在塔里辛煽动一场革命。赖特天真地拥护苏联共产主义——除了苏联的官方建筑，他对苏维埃宫的庸俗古典主义嗤之以鼻，1937年访问苏联时，他曾以一贯的高傲态度试图影响其设计——而这对他是百害而无一利。胡佛要求对赖特以煽动罪提起诉讼，但一位联邦助理检察长拒绝执行，而且先后拒绝了两次。

就在这时，事情发生了戏剧性的转折。安·兰德，一位从苏联移民至美国的作家，在读了赖特本人和有关赖特的文章之后受到启发，决定写一部关于建筑师的小说。她随即出版了《源泉》(*The Fountainhead*)这样一部极为成功的畅销书，紧接着就有了加里·库珀主演的同名电影。主角霍华德·洛克是个建筑师，几代年轻女性都曾为之倾倒，人们通常认为，他是以赖特为原型塑造的。在影片中，洛克被刻画成一个极富创意、才思敏捷的天才型人物。由于受到权力机构的迫害，为了防止自己的成果被他人篡改，也为了维护自己的尊严，他毅然

---

① 埃德加·胡佛（Edgar Hoover，1895—1972），美国联邦调查局第一任局长，任期长达四十八年，因超长任期和独裁作风一直受到争议。

炸掉了他精心设计的作品———幢摩天大楼。赖特对虚构出来的洛克从未产生亲切感,起初他拒绝承认与这个人物的任何身份关联——当然,除了同样才华出众,同样讲求尊严以外。他说兰德并没有理解他,也从未理解正确过。当被问到他是不是洛克的原型时,他回答说:"我不是这孩子的父亲,也不会娶孩子的母亲。"直到《源泉》一书和书中主角达到空前受欢迎的程度以后,他才转变口风,承认他和不可一世的理想主义者洛克也许真有些共同之处。正如梅莉·西克里斯特所认为的那样,兰德与现实中的人物相去甚远——赖特可绝不会炸掉自己设计的大楼。

兰德离开苏联时,对共产主义心灰意冷,因此,她满心接受了一种被称为客观主义的个人主义理论。客观主义宣扬不受约束的利己主义优势,以及自由成性的资本主义的崇高地位。她与天真地认为苏联共产主义是一种服务于大众的仁慈民主的赖特并不在一个步调上。两人的想法当中,很多都存在着巨大的差异。兰德最初几次求见赖特都以失败告终;她1937年曾给赖特写信,表达了她的仰慕之情,并约见赖特,而回信的收件人却是兰德"先生",托词是赖特没有时间。到1938年末,赖特在纽约发表演说,兰德才终于成功地预约了一次会面;据西克里斯特所著传记的详细描述,兰德为了这次会面,专程到第五大道的邦维特·特勒百货公司,破例花重金——三百五十美元买了华丽的黑色天鹅绒连衣裙、鞋和披风。可赖特对此并不买账,没有任何记录显示她给赖特留下了什么印象。此后的十年,面对兰德的穷追不舍,他一直在忍耐,但兰德和他一样固执,而她对塔里辛的造访则令赖特倍感困扰,如同煎熬。20世纪40年代,赖特为她设计了一栋房子,但她并没有把房子建起来。她更愿意买一套现成的房子,并且是以便宜得多的价格购买——奥地利裔美国人理查德·诺伊特拉为约瑟夫·冯·斯坦伯格建造的一栋现成的房子;那时,赖特已经将自己这个前雇员视为眼中钉。兰德最后一次到塔里辛期间,由于她抽烟抽得很厉害,赖特将她的香烟丢进火里,勒令她离开。从那以后,赖特就对塔里辛实施了禁烟令。

更受赖特欢迎的造访者是索罗门·R.古根海姆。当时这位财力雄厚的艺术收藏家打算在纽约建一座新的博物馆,这座博物馆后来成为赖特最具争议的作品,也是他晚年的一项大手笔。古根海姆博物馆的设计工作是1943年开始的,到1945年结束。古根海姆于1949年去世，如果不是他在遗嘱中明确要求，该博物馆能否建成还是个疑问。工程直到1956年才动工，1959年才得以落成，此时距赖特去世已有六个月。

我们今天所看到古根海姆博物馆，从建造之日起就与赖特和他的雇主古根海姆本人所设想的不一样。古根海姆设想的博物馆是为了符合关于如何展示艺术的激进观点而专门设计的，其依据是20世纪40年代一种被称为"非具象艺术"("Non-objective" Art)的极端抽象绘画形式。古根海姆死后，赖特苦心结合主顾的想法设计出的极具特色的博物馆被完全改变了，过去确立的设计被一一否定。新的设计保留了原有的基本形式，但形式所服务的原有理念则被抛弃了。关于博物馆如何使用的这一转变，从根源上导致了许多被一再披露的问题。自此以后，该博物馆就一直受到评论家和馆内负责人的诟病。他们不清楚问题的来源，也不愿直面问题。然而，古根海姆博物馆的标志性造型实在过于强大，可谓坚不可摧，因此，尽管原始用途被歪曲，它仍然成为了一座国际性的地标建筑——比弗兰克·盖里[①]的毕尔巴鄂古根海姆博

[①] 弗兰克·盖里（Frank Owen Gehry, 1929— ），美国后现代著名解构主义建筑师，以设计具有奇特不规则曲线造型的建筑而著称。

物馆达到这一地位要早得多。

非具象艺术的实践者们认为,他们使绘画脱离了所有对可识别物体的依附,实现了艺术上的突破,这种突破取代了艺术家习惯上创造的对现实世界的反映。他们自称创造出了一种新的现实,将图画从画框扩大到现实空间里,使两者之间不再有界限。这种理论认为,以这种新的方式看待画作——从某种程度上来说,成为画作的一部分——观众可以获得对艺术和现实的一种新的理解。由此达成的和谐可以变成一种内在的安宁,一种与世界的水乳交融,如果将其推而广之,那将带来世界的和平。索罗门·古根海姆大致就持这种观点。他深得年轻的德国艺术家——希拉·瑞贝男爵夫人的提点,也正是瑞贝说服他投身非具象艺术,进而广泛收集该类艺术珍品。

瑞贝曾要求赖特设计一幢大楼,使其能够体现这种新颖独特的看待和理解艺术的方式。她将其描述为人类获得超验启示的"圣殿"。作为负责人和馆长,她在大楼的顶层将享有一套阁楼式的公寓,在她有生之年都可以入住。她和古根海姆去世以后,他们的艺术收藏品将被冻结,不再增减和更换任何物品。瑞贝坚信救世主的存在，依靠古根海姆的支持和资助，她极大地延展了艺术的概念，使其成为一种达到精神上的自我实现和世界和平的神秘途径。

而此时，古根海姆已经收集了瓦西里·康定斯基、马克斯·恩斯特、让·阿尔普和汉斯·里希特等顶级非具象艺术家的不少画作。他们的作品都经历了时间的检验和这一怪异理论的消亡。除此之外，古根海姆还收藏了大量出自鲁道夫·鲍尔这样不知名艺术家的画作，后者深受瑞贝的赏识。在还未与赖特合作之时，古根海姆为他的收藏品设立了暂时的居所——纽约曼哈顿市中心的一间联排别墅，室内铺着灰色的地毯，打着褶的灰色布帘垂到地面，映衬着一幅幅绘画作品在光影中浮动，安静的展室里只有柔和的古典乐缓缓流淌。这里的设计和展品都是为了让参观者在不知不觉中融入画作的精神层面和其所传达的信息中。

瑞贝找到赖特时，明确希望他能超越博物馆设计的传统定式。赖特对爱默生有过深入研究，也信奉其观点，因此，他对超验主义理论并不陌生。然而，他却无意创造一种脱离现实的幻境。他给自己设立的要求对他来说是自然而然、发自内心的，即从传统中解脱出来、自由地重新定义建筑的类型，具体来说，就是以一种前所未有的方式重新思考艺术博物馆。而解构重造对他来说可谓驾轻就熟。因此，他很自然地发现，此前对某些事物的重新思考可以立即运用到现在的实践当中。这或许是因为他的运气好，更有可能是因为这些都是他有意而为。他开始重新思考一个孕育了很多年的想法，即找到一种可塑的雕刻式建筑，这种建筑不被传统的墙体和地面所分割，物质和空间融为一体。这一概念后来也成为20世纪末建筑领域的前沿方向。

从1924年到1925年未投入建设的汽车登高观象台的设计开始，环绕巨大的中央空间连绵不断的螺旋体造型就一直是赖特的作品中反复出现的主题；旧金山莫里斯礼品商店于1948年到1949年修建时，也再次采用了这一时隔多年的主题。有些评论家认为这都是赖特缺乏创意或怠于创新所致，但事实并非如此；赖特一直不缺乏创意，他的有些创意还因为创造性潜能和用途广泛而令其他建筑师着迷，他们终其一生都围绕赖特的某些主题进行钻研和探索。螺旋体围绕中央空间的设计早在1902年到1907年建的拉金大厦、1905年到1908年建的联合教堂，以及后来在1936年建的约翰逊制蜡公司管理大楼中就曾出现过。赖特一生都在追求一种自由流畅的可塑性建筑,其内部空间可在多个层面上彼此互通。然而,直到计算机辅助绘图技术出现,使得建筑复杂的结构和准确的成本估算成为可能,建筑设计中包含的雕刻学才得到充分的发掘。赖特沿袭了他一贯的风格,将设计和技术的发展推向了遥远的未来。在他后期的大部分设计,如教堂、社区场所和公共建筑中,螺旋体、圆弧、穹顶和悬臂比比皆是。他为巴格达一个计划建设的文化中心增加了《一千零一夜》里的场景,还在州议会大厦的设计中添加了印第安人的装饰图案,并提出将其捐赠给他的第二故乡亚利桑那的州政府——只是未能如愿;也许州政府的官员难以想象自己在圆锥形帐篷里办公的画面。

20世纪40年代,能形成赖特要求的雕刻形态的,只有当时还相对较新的一种钢筋混凝土材料,这种材料用木质模具制成,制造工序繁琐。如赖特所说,曲面结构的运算同"分层梁柱结构"的运算大不相同;他解释说,对直线性结构的改变,如"悬臂和连续性"这类概念必须用图解的方式表现。但在40年代和50年代,没有计算机的帮助,材料和工艺都远远落后于现在的水平,靠当时的技术往往难以完成这一任务。而古根海姆博物馆尽管有缺陷，却仍然是公认的设计典范，激励了建筑师们在日后设计出最具创造性的作品。

从外观上来看，古根海姆博物馆就像一个圆柱，加之从下而上向外倾斜这一点，也可以说它像个倒立的古巴比伦金字塔。它由一系列的立体空间堆叠起来，往上逐渐变宽，最上方由一个玻璃穹顶覆盖。连绵不断的玻璃带将层与层分隔开来，目的是使阳光透过玻璃照进螺旋形的斜坡。壁架沿斜坡设立，用于展示画作，可以接收从四周的玻璃窗投射进来的自然光。斜坡外侧有一个圆形的服务中心穿插其间，赖特称之为"监控台"。这样的设计是为了让参观者乘坐电梯到达顶层，然后沿着螺旋形斜坡"顺流而下"，到达底层的开放空间。从那里看，整个斜坡一览无遗，继续往上，最后映入眼帘的是头顶上方使用天窗采光的圆顶。和周边的公寓大楼相比，古根海姆博物馆卓尔不群。它兀自屹立在第五大道上，与中央公园隔街相望，而它柔和的圆形轮廓则与中央公园的"有机"本质相呼应。它那略微倾斜的柱状外形下面是横跨了一个街区的水平基座，借此高大的主体得以夯实，街道和其所在区位的关系也得到协调。

在博物馆即将动工之际，纽约市建筑局发现多处违规行为，因此拒绝授予建筑许可——这对赖特来说不是什么新鲜事，他常常无证建楼。要解除违规就必须完全改变其独特的结构和敞开式的平面布局，因此，赖特求助于当时纽约建筑界的头号人物罗伯特·摩西，他正好是赖特的一个姻亲。摩西在建筑上极度保守，对赖特的设计并不认同，但还是立即下发了许可令。这是一次史无前例的建筑工程，技术上的难题不可避免，因此没有人愿意冒险接手，直到赖特的前学徒埃德加·塔菲尔带来了一个愿意接受挑战的人。赖特后来坚持与这个名叫乔治·科恩的人在奠基石上联合署名，而他也的确实至名归。

索罗门·古根海姆死后，他的侄子哈里·古根海姆接手了这一工程，赖特和他相处融洽，而他日益增多的收藏里又多了一批言辞激烈又令人捧腹的书信。但哈里·古根海姆并不关心建筑理论和预算的问题；由于战后施工成本高昂，材料紧缺，他只得将工程延期。其间，他又对设计做了妥协性修改，实施计划和政策也有改动。博物馆不再专为非具象艺术或索罗门·古根海姆的收藏品而建，展品也将不再以之前预想的方式展出。长久以来，古根海姆家族都将希拉·瑞贝视为斯文加利①式的人物，认为她对索罗门的影响除了他购买的画作，还包括她信奉的那些怪异理论，以及她推崇的那些离奇医术。因此，她的负责人身份被取消了，为她修建的能看到中央公园的阁楼式公寓也从计划中消失了。随着新的董事会成立，博物馆有了新的负责人——詹姆斯·约翰逊·思维尼，他强烈抨击了赖特设计中的每一个基本前提；他的修改以各种可能的方式破坏了这座建筑。

思维尼出身于现代艺术博物馆，曾协助确立该馆的风格和标准，他竭尽所能地按照现代艺术博物馆的时髦形象来重新打造古根海姆博物馆。收藏品固定不变的计划被放弃，以适应实施采购、保持馆藏多样性和举行临时展览的政策，尽管之前的计划里并未预留任何可能的储藏、准备和展示空间。最初的设计理念虽说很奇怪（成品可能会更奇怪），但它被消灭的过程则称得上是野蛮而残酷。思维尼将赖特柔和的象牙色内墙重新粉刷成了光秃秃的惨白——赖特回避并厌恶白色——还在斜坡的外墙顶部换上了人造光源来代替自然光。这一切都是为了

---

① 斯文加利（Svengali）是法裔英国作家乔治·杜穆里埃的小说《特里尔比》中的角色，指代邪恶地操纵别人的人。

创造现代主义艺术家所青睐的无投影、中性色调的氛围，而他们则是赖特终其一生坚决反对的对象。思维尼舍弃了赖特类似画架的承接装置，代之以固定在墙上的金属棒，使展品远离容易分散注意力的倾斜弯曲的斜坡，避免使人产生一切东西都偏离了中心轴的错觉。有一段时间，螺旋的顶部被关闭了，用来存放东西，它的上升通道被切断，原本设计中的点睛之笔——穹顶的天光也因此被遮挡。尽管赖特在古根海姆博物馆建成之前就已去世，他也丝毫没有让思维尼占到便宜。思维尼只做了一年的负责人，就在愤愤不平中落魄离职。

自此以后，博物馆艰难的建设过程使董事会的历任负责人都备受挫折，每个人都试着去满足其风格上苛刻的要求，并克服实际操作中碰到的种种困难。此间，赖特最根本而又不容置疑的统一空间和结构的理念也就自然而然地保留了下来。它否决了人们对它功用性和实用性的持续质疑，推翻了反对派的装置带给它的侮辱，还经受住了两次"修复"和一系列的设置增添。虽说过于夸张的螺旋形内部设计不够灵活，不适用于展览——外界对它最严重的质疑就是建筑的形式感遮盖了艺术感——这一巍然耸立的立体空间和它那环形的斜坡仍然给人以强烈的、为之动容的体验。这是视觉和心理上的冲击;它能调动人所有的感官。整个建筑是有生命力的;移动的人群和他们的低语声,周围的色彩和形状,都为社会空间与在其中看待和感受艺术的方式赋予了新的含义,尽管这并非设计者的本意。它设定了严苛的界限;一些艺术品立刻被淘汰,但有一些则经久不衰。在展出马克·罗斯科的抽象作品时,可以看到画作沿着斜坡上升和下降,绚丽的色彩令人应接不暇、眼花缭乱。展示空间的设计放大了对作品的感知和观赏者的体验。这是向爱默生致敬,或者更大胆地说,这是艺术和空间的超验性融合。

古根海姆博物馆建设期间,赖特将广场饭店设立为他在纽约的办事处。广场饭店位于第五大道59街,是亨利·哈登伯格设计的学院派风格建筑遗作。和他的主顾哈里·古根海姆一样,赖特也在那里永久预留了一间套房,尽管他手头并不宽裕。他一如往常,将房间重新装饰成符合自己品位的风格,用的都是自己喜欢的布料、颜色和装饰品,包括他的日本版画和绝对不能缺席的三角钢琴。他将其称为东塔里辛,并且经常在他的房间和酒店的餐厅里宴客取乐,有时甚至将整个饭店大厅作为他招待宾客的场所;有一次,他还成功地使大厅逃过了一场"现代化"改造。同样,他还是一如往常地忘记支付账单。正如一位观察家所说,他行事欠慎重,缺乏远见,一贯认定只要奢侈品到位了,生活必需品就能自行解决。

他想买就买,出手阔绰,花钱如流水。在画廊里看到不忍错失的珍品,他会动用急需支付账单的钱将其买下。有次路过林肯大陆车型的展厅时,他订购了两辆带特殊顶篷的汽车,颜色专门定制——他标志性的切诺基红——并要求立即发货,还声称他不打算付定金。他以同样的方式购买了好几台施坦威钢琴。只有骗术大师才能如此趾高气扬地行骗。遇到逾期的账款,他通常的做法是先付十到一百美元不等,剩下的数额用巧计应付过去。其间总会有人插手帮忙,或者他发挥一下他那死不认账和敷衍搪塞的天赋,事情就能得到解决。

1952年,塔里辛第三次遭遇大火。有人说火灾是因赖特设计的电线短路引起,和他的水利工程一样,这些线路偶尔也会出问题。不过这次被烧毁的是供学徒会使用的希尔赛德家庭学校的部分校舍。而赖特又一次从头再来,重建了新的校舍,这是他惯常的做法,每次重建都意味着新的变化、改进,并有新的东西不断添加进来。

他性情乖戾、偷奸耍滑,因此频频上报。他从不担心自己说的话前后矛盾，他会对自己一无所知的问题大言不惭地发表意见，深信他有直抵真理的能力，无须了解更多的信息。有人把他称为疯子，也有人称他为天才，还有人认为他两者皆是。有一次，赖特受邀到耶鲁大学为学生系列讲座发表演说，由于一些示意动作没有得到回应，他威胁要立即离开。活动的主办方之一亨利·F. S. 库柏这样描述当时的情形：他大摇大摆地穿过校园，背上的披风随风招展，手杖在他手中把玩得团团转，"把路上的鸽子惊得四散"。

1957年，赖特和老朋友、芝加哥诗人卡尔·桑德堡参加了一场由文雅的英国节目主持人阿利斯泰尔·库克主持的电视"谈话"。其间，赖特表现得极为逆反和暴躁，别人的意见和建议被他一概否决，而他表现的方式却极其令人捧腹。他坚持艺术高于科学，感性高于理性，同时又炮轰杰斐逊纪念堂（"一个典型的公共厕所"）、华盛顿纪念碑（"一个笨蛋的杰作……类似削尖了的铅笔"）和摩天大楼（"拿钢铁当木材，将横梁和柱子捆绑在一起，就像绑木头一样……然后他们找来一个裱糊工，给它们糊上一个门面……简直是人类无视自然内在的显而易见、遗臭万年的证据"）。无奈之下，桑德堡反问道："他的身体里是不是住着一个伟大的布道家?"谈话的结尾,赖特又抛出了他的最后一击,他将摩天大楼认定为过时的建筑,就像菲利普·约翰逊和亨利-拉塞尔·希区柯克二十五年前对他那些问题重重的建筑发明的态度一样。"我不知道他们为什么认为那是现代的;那是19世纪的,一切都是19世纪的。"他说道,显得意犹未尽。

实际上,他在1953年就已经接受了摩天大楼式的高层建筑。位于俄克拉何马州巴特尔斯维尔市的二十层的普莱斯公司大厦,是他专为承建石油和天然气管道的富商哈罗德·C.普莱斯所设计的。其所在位置并不适宜建筑高楼,然而它符合赖特的建筑理念,即高楼应建在开阔地带,与周遭形成对比,作为高度显现的艺术品供人欣赏。而哈罗德·普莱斯夫妇和许多老主顾夫妇一样,似乎时常对赖特抱有命定的忠诚与包容。普莱斯大厦一反传统的高层建筑理念,使赖特得以重新起用一个构思多年的珍贵创意。这一创意首次出现在赖特1928年至1930年为纽约农场圣马可堂(St. Mark's-in-the-Bouwerie)设计的未能实施的建筑图纸中。这是一幢直根系大楼,结构看起来像一棵树,其核心部分由向四周发散的根状地基固定,地面用悬臂支撑,看起来就像从树干伸展出来的树枝。楼体上装饰着绿色的铜拱肩和镀金玻璃,各个侧面均不相同,是一座繁复盎然的混凝土组合体。传记作家梅莉·西克里斯特到访此地时,发现在这个名不见经传的小镇上,居然有这样一处莫大的惊喜,"莫名其妙地坐落在一个不起眼的角落"。

虽然赖特极力反对高层建筑和巨型城市,但在1956年,他还是向芝加哥推出了他的伊利诺伊英里大厦(Mile High Skyscraper)。这是一座有多个切面、由下至上逐渐变细的棱柱形高塔,塔身高耸入云,美丽壮观到给人一种不真实感。当时的人对此不以为然,认为这正是他与天齐高的自大心理在作祟。品位和技术的提升使人们对极端的形象已司空见惯,而当时赖特仅凭想象创造出的形象,相比借助计算机设计出的图像,竟然没有丝毫的逊色。

在炫耀自己的间隙,他会给妹妹玛格奈尔打电话,让她给自己带点儿吃的。当时玛格奈尔和丈夫已经搬到了东海岸。她会把一个烤土豆装在棕色的纸袋里,带到赖特所在的广场饭店套房。她在回忆录《神佑琼斯家族山谷》(*The Valley of the God-Almighty Joneses*)中写道,哥哥充沛的精力让她惊叹不已,新的设计似乎总能喷薄而出，塔里辛的工作室始终热火朝天。她问赖特他是如何办到这一切的，他则表示很担心时间不够，事情干不完。仅在1949年和1950年，他就收到了超过六百项委托任务。在他经手的项目中，有超过三分之一是在他人生的最后九年完成的。

1951年，名为"建筑生涯六十年"的大型回顾展在佛罗伦萨盛大开幕，随后又开启了苏黎世、巴黎、慕尼黑、鹿特丹和墨西哥城的国际巡展。1953年，巡展到达纽约时，赖特成功地将展览安排在古根海姆博物馆还未动工的场地上，旁边是一座典型的"美国风"住宅。1956年，赖特第一次去了威尔士，这也是他一生中仅有的一次。由于血缘和禀性的关系，他对这片土地有着深厚的感情。1957年，他因受邀参与伊拉克的"现代化"建设而访问巴格达，随后他设计了一个文化中心，将《一千零一夜》大胆的浪漫主义风格与城市规划的创见性举措结合起来。堆砌的土方工程在建筑群周围呈螺旋式环绕（又是螺旋），既呼应了这座古都圆形的平面轮廓，又使环路得以扩展，从而满足现代化交通的需求。1958年，一场政变结束了伊拉克哈希姆家族的统治，这一雄心勃勃的设计也因此被搁浅了。

1957年，赖特年满九十岁，但他称自己还年轻，只有八十八岁。这一年，他完成了一生中的最后一项重大工程——位于加利福尼亚州圣拉斐尔市的马林郡市政中心。其设计理念独到，外形大胆且色彩亮丽。他对选址的扩展能力和地形尤为关注，这一点在设计方案中表现得淋漓尽致——两个长度不等、带有拱廊的狭长侧厅横跨山坳，中间由一个圆顶建筑相连。这一结构独特地运用了周边环境的格局，重新定义了政府大楼的设计模式——办公区域不再划分楼层，改为在带有景观的阳台式空间一字排开。大楼底层有过道从拱廊底下穿过，拱廊上方有三层楼，均为玻璃墙结构。拱门、圆形天窗和金属遮阳棚在镶有金边的浅绿色屋顶下显得错落有致。此外，大楼还设有庭院、喷泉和水池。在该设计中，赖特真正的独到之处并非人们评议最多的设计细节，而是其打破传统、寻求与环境和谐相处的设计理念。

赖特在建筑方面的想象力，无论以何种形式呈现，其丰富程度和原创性都是毋庸置疑的。然而，他的晚期作品中有很大一部分都存在争议。他越来越趋于创造一个属于自己的世界，里面色彩斑斓，充满异国情调和未来主义的意象，有飞碟、屏风、尖顶、雕塑和类似珠宝的彩饰艺术品,将巴克·罗杰斯①、《一千零一夜》和印第安元素杂糅在一起。对赖特的早期作品赞誉有加的评论家和史学家认为,这时的他过分追求装饰效果。尼尔·莱文的观点相对具有代表性,他说,赖特的设计"怪异而令人难以接受"。20世纪70年代两位最有名望的建筑学作家曼弗雷多·塔夫里和弗兰西斯科·达尔·科认为,他的水准一路下滑:类似"科幻小说的建筑"中那"刻意的异国风味",已经沦为"媚俗至极的粗制滥造"。

不过,偏离早期的模式和普遍接受的做法,转而进军不熟悉且常常模糊不清的领域,并不意味着艺术家的能力在减损;进入老年以后,艺术家作品的自由度会更大,试验性会更强,对外界的期待和传统惯例则不甚关注。毕加索曾修改欧洲早期绘画大师的作品,对其进行大胆的个人解读,在当时也被很多人认为是晚节不保。人们往往将艺术家的晚期作品视为其年老力衰的印证。由于总是问题重重,他们晚期的作品经常受到冷遇,或被选择性地无视。

令人困惑并且导致赖特的晚期作品难以接受的是,

---

① 巴克·罗杰斯(Buck Rogers),1979年美国环球影业开播的科幻冒险类电视剧中的主人公。

它们太落伍了——既跟不上当代审美偏爱的前卫极简主义,又油滑地挪用过去的设计。赖特的未来主义并非电影《黑客帝国》中那个亮丽的高科技世界;他在设计中涉及的文化符号太过直白且情绪化,无法为历史修正主义所接纳。他设计的巴格达歌剧院有月牙形的拱门、彩虹喷泉和阿拉丁的塑像,教堂和公共建筑中有圆锥形帐篷和蛤壳;他的晚期作品充满了珠子、气球和花花绿绿的装饰物,这些都与20世纪简约式的审美格格不入。赖特对美的认识深深根植于19世纪的情感和宗教信仰,对此他从未怀疑或动摇,并始终与当代的流行文化作对立之势。富有异国情调和装饰性的事物一直备受他的青睐——从芝加哥奥克帕克的游戏室里《一千零一夜》的场景、米德韦游乐园中的故事和神话人物,到雕塑"墙缝里的花"中永恒的女性和隐喻奥秘,莫不如此。

他始终游离于主流之外;既不属于20世纪20年代的新即物主义(Neue Sachlichkeit),又不符合20世纪末的讽刺时代。唯一将他归类的办法就是把他视为局外人,他也以此自称。随着现代主义的规则和禁忌被解除,他的历史和文学象征重新为人们所接受。到20世纪90年代,尼尔·莱文为他声援,称他的风格是"一种历史化的语境"——这类语境下的建筑旨在表现一种文化的独特性或一个地方的精神所在。这使赖特又重新做回了他早年革命性的传统主义者——捍卫"保守主义事业",想别人所未想,将一切推倒重来,接受传统的同时对其进行根本性的重塑。

他无视传统,拒绝流行的品位和风尚,将自己从20世纪建筑的主流趋势和惯例中完全剥离出来,从而得以按照自己的意愿思考、生活和工作。他理直气壮地强调个人主义,从未放弃对"差异性"的界定,与此同时,用莱文的话说,他"凭借高超的技巧和华丽的风格,乘着战后现代主义建筑兴起的风潮",浸淫在名利场中。他将自己打造成了第一个"明星"建筑师。

在生命的最后时期,他完全沉溺在丰富的想象力中,固执地坚持从维多利亚时期继承的绘图和情绪化品位,并加以现代化的诠释。他过多地使用几何结构,设计的建筑由三角形、六边形和圆形套在一起,抽象意味越来越重,令人摸不着头脑。他在漫长的一生中经历了剧烈的文化变革,但"真理抗衡世界"的信念让他对变革顽强抵抗,誓死不从。他是一个迷人的不合时宜者——一个才华横溢的梦想家,一个因循守旧的浪漫主义者,他的构思、设计和结构概念直到21世纪仍为人们所借鉴。

第十二章

赖特的离世毫无征兆。他曾遭受梅尼埃病的折磨——一种内耳疾病——时不时产生的严重晕眩和反胃会导致他暂时无法工作，但是幼年时期在詹姆斯舅舅农场里锻炼的强健体魄使他坚持了下来，而且他工作的意志从来没有减退过。1959年，他照常在西塔里辛庆祝了复活节，并且精心策划了6月的九十岁生日宴，实际上，他已经九十二岁了。劳埃德在3月时告诉他凯瑟琳去世了，享年八十六岁。对于在葬礼之后才知道她的死讯，赖特显得悲伤又不安，劳埃德很奇怪，既然赖特在她生前对她漠不关心，为什么对她的死那么在意呢？十天后，也就是4月4日，周六，他出现肠梗阻症状，马上被送到凤凰城医院。周一他接受了肠梗阻手术，而且有了好转的迹象，但在4月9日，也就是周四，他突然平静地离开了人世。

葬礼在威斯康星举办，下葬地点是劳埃德·琼斯家族的墓地。梅莉·西克里斯特的传记对接下来的事做了最详细的记叙：韦斯·彼得斯，赖特的女婿兼得力助手，讲述了学徒会的成员是怎样把赖特的遗体放到小货车上，然后马不停蹄地驱车二十八小时，赶了一千八百英里的路将其运送到威斯康星。棺材里装满了花朵，被安置在塔里辛一个巨大的火炉前,下面铺着切诺基红天鹅绒布。赖特的儿子劳埃德回忆说,他这才意识到,父亲是如此瘦小。

4月12日,周日,棺材被马车从家带到教堂。奥尔加瓦娜跟在他们的女儿艾瓦娜身后,旁边是家人和亲友。经过简单的仪式并诵读了《圣经》和爱默生的作品之后,赖特的遗体下葬了。他的讣告中专门说明了这个下葬地点是临时的;赖特的遗体会被转移到一个新的教堂,那里是他为自己设计的长眠之地和纪念馆,选址在劳埃德·琼斯家族联合教堂的附近,多年前他曾协助西斯比参与这里的建造。新教堂已经打好地基,在附近采石场采集的石块,经过打磨后带到建筑工地,赖特甚至会监督道路两旁树木的种植。但是这项工程进行了两年就停止了,因为学徒会逐渐在亚利桑那安顿了下来,很少再去威斯康星。该工程又持续搁置了二十六年——直到奥尔加瓦娜在1985年3月1日离世。

跟他生前一样,死后的赖特仍然是流言蜚语的主角;他是不能安息的。据奥尔加瓦娜的医生讲,她临终的遗愿是,把丈夫赖特和她与前夫生的女儿斯韦特兰娜(韦斯·彼得斯的妻子,多年前死于车祸)的尸体挖出来火化，并将骨灰带到亚利桑那专门修建的墓园里，与她的骨灰合葬。赖特死后，她费尽心思继续运营着学徒会。在她女家长式的绝对权威和领导下，每个人都要绝对忠诚，所以没有人质疑她的临终要求是否得体或合理。这些要求都不在她的遗嘱之内，但生前她是这么讲的。据她的女儿艾瓦娜说，她的愿望只要表达出来就会实现。即使在她死后，她的愿望也不能被无视；韦斯·彼得斯说过，她的命令就如《圣经》般威严。显然，没有人反对她遗愿中的这道程序，但实际上，这项令人毛骨悚然的任务是在最匆忙和最严密的情况下进行的，一定程度上说明它确实会招致一些质疑。

如此便开始了赖特死后不平静的生活，这是他离世后最不可思议的一章。按照奥尔加瓦娜的要求，学徒会的成员们又一次开始了漫长而疯狂的流亡——赖特总是这样称呼往返于两个塔里辛的路途，将赖特的遗体从威斯康星带到亚利桑那。由于奥尔加瓦娜的女儿斯韦特兰娜过世已久，搬运其遗体遇到了很大的阻碍，学徒们就悄悄地取消了这一项。

艾瓦娜为搬运赖特的遗体起草了必要的文件，但是教堂的管理人员并未接到通知，挖掘工作是匆忙完成的，连被破坏的墓地都没有复原。遗体很快被火化，验尸官也要起誓对此保密，随后赖特的骨灰被送回亚利桑那。但是消息泄露后，《麦迪逊资本时报》(*Madison Capital Times*) 刊登了这个故事，激起了日益强烈的抵抗。为了表达民众的愤怒，威斯康星立法机构通过了一项决议，谴责转移赖特的遗体，称这是破坏公物的行为。作家兼编辑卡尔·E.迈耶住在赖特家附近，他将这种从威斯康星到亚利桑那的诡异转移比作"将杰斐逊从蒙蒂塞洛移葬到贝弗利山庄"。赖特的其他子女了解到此事后，极其愤怒，称这是"盗墓"和"亵渎神灵"。大家都明白，赖特的根是和劳埃德·琼斯家族连在一起的，是和他所钟爱的塔里辛那绵延的群山和农场在一起的。不管经历过怎样的悲剧和不幸，他总是会回来，重建塔里辛，重新开始自己的生活。

在亚利桑那，奥尔加瓦娜起着决定性的作用；她和赖特一起筹建了西塔里辛，在赖特去世后的时间里，她也以最高统治者自居，像葛吉夫一样监管着自己的公社。威斯康星的塔里辛代表的是赖特的过去，是他七十年前为挚爱梅玛建造的住所，现在赖特也已离世，两人就永远安眠在一起了。奥尔加瓦娜极其厌恶这一切，她陪伴赖特走过了他最后的三十四年,从一开始就和赖特分担苦难,二人互相依靠,彼此忠诚。是她将学徒会变成了现实,并解决碰到的每一个问题;赖特总会放心地把管理工作和决定权交给她。她也为赖特创造了安稳的生活。赖特喜欢购置奢侈品,而对生活必需品从来不闻不问,现在他有了一个可以为他料理必需品的女人,也接受她的安排,但我们不知道的是,她对于学徒会的管理,赖特是否真的可以接受。

合葬仪式据说会在六个月内举行。多年以来都没有动静,其间赖特的骨灰一直保存在西塔里辛。最终,在亚利桑那的墓园竣工后才举办了迁葬仪式。此时,赖特学徒会已经发展为赖特遗产的永久守护者。在韦斯·彼得斯的领导下,学徒会以塔里辛联合建筑师协会的名义继续实施赖特未完成的工程,并协助和推广对其的保护和修整工作,同时秉承赖特的精神和建筑风格来承接新项目。但是,缺少了赖特不断突破创新的独到眼光和发明,这些新项目都显得千篇一律。布鲁斯·布鲁克斯·法伊弗负责的弗兰克·劳埃德·赖特档案馆,下辖弗兰克·劳埃德基金会,肩负起了组织和保护赖特生平大量档案材料及私人收藏品的永久任务。在奥尔加瓦娜的遗物中,他们很吃惊地发现了一个装满罕见的日本纺织品的箱子,其中的纺织品已经皱皱巴巴,早被遗忘了。

档案馆在奥尔加瓦娜管理期间是严格限制入内参观的,她只会选择一些人提供权限,并收取高额费用。她强烈抵制任何对赖特传奇人生的批评或忤逆。在法伊弗的监管下,所有急需关注的画作、文件和手工艺品都经过妥善的组织得到保护,并用于研究。档案馆的开放开启了赖特学徒会的新时代。法伊弗从赖特的书信和记录中整理出很多文字记录并定期发表,大大丰富了重新发现和评估赖特的文献素材。20世纪80年代到90年代的十年间,重新定义和评估赖特的活动达到了顶峰。随着书籍和展览逐渐增多,赖特的建筑和相关研究实际上已经成了一门产业。1994年,现代艺术博物馆举办了赖特整个建筑生涯的全景式回顾展览。

H. 艾伦·布鲁克斯是一位研究赖特的编辑和历史学家,多年前曾把赖特评价为"独特又深邃,很难解释清楚"。之前有博物馆曾经展出从塔里辛的档案中收集的八千幅图纸,在那次展览上,亚瑟·德雷克斯勒称赖特是"历史上最具独创性的建筑师之一",通过"情感表达实现创新",他的理念"时隔多年依然独具特色、意义深远,尚未一一得到尝试和验证"。

他的生活并不完美,甚至经常做出一些自我毁灭式的行为,有些麻烦是他自找的,另一些则是如果他没那么强悍的话,他早就被命运击垮了。所有的苦难他都扛了过来,就像建筑领域的唐·吉诃德一样,他用自己坚持的建筑理念来对抗所处时代的现实状况。在他的观念里,目的可以为手段正名;只要是为艺术服务,为他应得的生活方式服务,任何行为他都会采取。赖特的建筑和他的私人生活一样存在缺陷,由于他的理念超前于当时流行的常规和科技,有些建筑作品注定会以失败告终,也为大批致力于打破赖特神话的人提供了永久的把柄。完美一向不是赖特的追求,亚瑟·德雷克斯勒通过观察曾说过:"赖特作品中有很独特的一部分,那就是把人们从追求完美的理念中解放出来。他的建筑就像生活本身,认为完美是无关紧要的……每一件事都有其存在的意义,但不存在最终的目的,也不存在完美的答案;历史的长河是没有尽头的。"赖特建筑的核心在于其散发的人性光辉,在于对世界和人类生活的联系的不懈追寻。

企鹅人生
Penguin Lives

乔伊斯	[爱尔兰] 埃德娜·奥布赖恩 著
简·奥斯丁	[加] 卡罗尔·希尔兹 著
佛陀	[英] 凯伦·阿姆斯特朗 著
马塞尔·普鲁斯特	[美] 爱德蒙·怀特 著
伍尔夫	[英] 奈杰尔·尼科尔森 著
莫扎特	[美] 彼得·盖伊 著
安迪·沃霍尔	[美] 韦恩·克斯坦鲍姆 著
达·芬奇	[美] 舍温·努兰 著
猫王	[美] 鲍比·安·梅森 著
圣女贞德	[美] 玛丽·戈登 著
温斯顿·丘吉尔	[英] 约翰·基根 著
亚伯拉罕·林肯	[澳] 托马斯·基尼利 著
马丁·路德·金	[美] 马歇尔·弗拉迪 著
查尔斯·狄更斯	[美] 简·斯迈利 著
但丁	[美] R. W. B. 刘易斯 著
西蒙娜·韦伊	[美] 弗朗辛·杜·普莱西克斯·格雷 著
圣奥古斯丁	[美] 加里·威尔斯 著
拿破仑	[英] 保罗·约翰逊 著
朱莉娅·蔡尔德	[美] 劳拉·夏皮罗 著
弗兰克·劳埃德·赖特	[美] 阿达·路易丝·赫克斯塔布尔 著

Chinese Simplified Copyright © 2021
by SDX Joint Publishing Company.
All Rights Reserved.

本作品中文简体版权由生活·读书·新知三联书店所有。
未经许可，不得翻印。

First published in the United States under the title FRANK LLOYD WRIGHT by Ada Louise Huxtable.
Published by arrangement with Kenneth Lipper LLC and Viking, an imprint of Penguin Publishing Group, a division of Penguin Random House LLC.
All rights reserved.

A Lipper / Penguin Book

®"企鹅"及其相关标识是企鹅图书有限公司已经注册或尚未注册商标。
未经允许，不得擅用。
封底凡无企鹅防伪标识均属未经授权之非法版本。

图书在版编目（CIP）数据

弗兰克·劳埃德·赖特 /（美）阿达·路易丝·赫克斯塔布尔著；陈元飞译. —北京：生活·读书·新知三联书店，2021.4
（企鹅人生）
ISBN 978-7-108-07049-4

I. ①弗⋯ II. ①阿⋯ ②陈⋯ III. ①赖特（Wright, Frank Lloyd1867-1959）—传记
IV. ① K837.126.14

中国版本图书馆 CIP 数据核字（2021）第 016392 号

责任编辑	卫　纯
特约编辑	毛文婷
装帧设计	蔡立国
版式设计	薛　宇
封面版画	袁亚威
责任印制	宋　家
出版发行	生活·讀書·新知 三联书店
	北京市东城区美术馆东街 22 号
邮　编	100010
网　址	www.sdxjpc.com
图　字	01-2018-3046
经　销	新华书店
印　刷	北京市松源印刷有限公司
版　次	2021 年 4 月北京第 1 版
	2021 年 4 月北京第 1 次印刷
开　本	787 毫米 × 1092 毫米 1/32
字　数	160 千字　印张 10.125
印　数	0,001-8,000 册
定　价	49.00 元

印装查询：01064002715
邮购查询：01084010542